확신 기도의 힘

확신 기도의 힘

지은이 | 강준민
초판 발행 | 2020. 8. 26
3쇄 발행 | 2020. 10. 28
등록번호 | 제1988-000080호
등록된 곳 | 서울특별시 용산구 서빙고로65길 38
발행처 | 사단법인 두란노서원
영업부 | 2078-3352   FAX | 080-749-3705
출판부 | 2078-3331

책값은 뒤표지에 있습니다.
ISBN 978-89-531-3842-1   03230

독자의 의견을 기다립니다.
tpress@duranno.com   www.duranno.com

하나님이 주신 것들에 대한 견고한 믿음

확 신 ── 기 도 의 ── 힘

강준민 지음

두란노

CONTENTS

Part 2.
확신 기도는 역전의 승리를 거둔다

프롤로그

《확신 기도의 힘》은 제가 흔들리면서 쓴 책입니다. 확신이 필요해서 쓴 책입니다. 코로나 19가 저를 흔들었습니다. 코로나 19는 우리를 혼돈 속에 빠져 들게 만들었습니다. 사실 저만 흔든 것이 아니라 온 세상을 흔들었습니다. 그토록 작은 바이러스가, 눈에 보이지도 않는 바이러스가 엄청난 변화를 불러 왔습니다.

인류가 겪은 변화 가운데 이토록 충격을 준 변화는 많지 않습니다. 교회당 문이 닫히고 온라인으로 예배를 드리게 되었습니다. 한국 기독교 역사상 유례 없는 일이 벌어졌습니다. 물론 예배가 멈춘 것은 아닙니다. 온라인으로 예배를 드리고 온라인으로 교제를 나누었습니다. 하지만 코로나 바이러스가 가져 온 변화는 충격적이었습니다.

저는 제 마음의 흔들림을 보았습니다. 저는 목회자이기 전에 연약한 인간입니다. 그런 까닭에 흔들릴 수밖에 없었습니다. 저의 흔들림을 보면서 성도들의 흔들림이 보였습니다. 저는 하나님 앞에 머물러 흔들리는 성도들을 위해 전해야 할 메시지가 무엇인지를 알고 싶었습니다. 제게 떠오른 말씀이 로마서 8장이었습니다.

로마서 8장은 제가 늘 가까이 하는 말씀입니다. 제가 흔들릴 때마다 저를 붙잡아 준 말씀입니다. 쓰러질 때마다 다시 일으켜 세워 준 말씀입니다. 포기하고 싶을 때 견디고 또 견디도록 힘을 공급해 준 말씀입니다. 제가 어두움 속에서 방황할 때 빛을 비추어 준 말씀입니다. 우리는 로마서 8장에서 천상에서 우리를 위해 중보하시는 예수님을 만납니다. 우리의 연약함을 도와 중보해 주시는 성령님을 만납니다. 우리를 자녀 삼으신 하나님 아버지의 사랑을 만납니다.

　모든 성경 속에는 복음이 담겨 있습니다. 복음은 예수 그리스도이십니다. 하지만 복음에 초점을 두어 기록된 서신이 있다면 로마서입니다. 그래서 성경학자들은 로마서를 보배로 여깁니다. 로마서를 통해 종교개혁이 일어났습니다. 로마서 전체가 복음을 담았지만 로마서 8장은 복음의 진수입니다. 그래서 로마서 8장은 보배 중의 보배입니다.

　저는 바람에 흔들리면서 깊이 뿌리를 내리는 나무처럼, 로마서 8장을 통해 예수님께 더욱 깊이 뿌리를 내릴 수 있었습니다. 가뭄의 때에 깊이 뿌리를 내리는 나무처럼 저도 예수님께 더욱 뿌리를 내릴 수 있었습니다. 가뭄의 때에 뿌리가 땅의 깊은 생수를 흡수하듯이, 예수님께 깊이 뿌리를 내리면서 성령님의 생수를 마실 수 있었습니다.

　우리는 구원을 받고 영생을 맛본 후에도 의심할 수 있습니다. 예수님을 "하나님의 어린양"이라고 증거한 세례 요한도 감옥에 머무는 동안 의심 때문에 잠시 흔들렸습니다. 하지만 예수님은 세례 요한의 의심을 정죄하지 않으셨습니다. 책망하지 않으셨습니다. 그가 의심을 넘어 견고한 확신에 이르는 증거를 알려 주셨습니다(마 11:4-5). 성경의 죄 목록에 의심은 없습니다. 오히려 유다서에는 "의심하는 자들을 긍휼히 여기라"고 말씀합니다(유 1:22). 우리 신앙은 의심과 의혹과 의문과 질문을 거치면서 더욱 견고해집니다.

　바울이 로마서를 쓸 때 초대 교회는 박해 속에 있었습니다. 혹독한 박해는 예수님을 믿는 성도들을 흔들었습니다. 바울은 흔들리는 성도에게 복음 속에 담긴 견고한 확신에 대해 증거하기 위해 로마서를 기록했습니다. 이 견고한 확신 속에는 "확신 기도"가 담겨 있습니다. 확신 기도는 힘이 있습니다. 확신 기도의 뿌리는 하나님의 사랑과 하나님의 약속에 대한 견고한 확신에 근거하고 있습니다. 확신 기도의 뿌리는 하나님의 약속에 대한 견고한 확신에 근거하고 있습니다.

우리가 때로 흔들린다고 해서 예수님을 통해 받은 구원이 사라지지 않습니다. 하지만 흔들림보다 확신 속에 살아가는 것이 축복입니다. 복음의 확신을 누리며 사는 것이 더욱 좋습니다. 하나님은 우리가 견고한 믿음과 확신 속에 살기를 원하십니다. 확신에 이르는 길은 여러 가지입니다. 확신의 은혜는 우리를 위해 중보하시는 예수님과 성령님의 도우심으로 가능합니다. 의심, 두려움, 불안, 그리고 혼돈은 모두 감정입니다. 그런 면에서 확신도 감정입니다. 우리가 확신에 이르게 될 때 의심은 사라집니다. 담대하고 견고하게 됩니다. 외부의 상황을 초월해서 흔들리지 않게 됩니다.

확신은 올바른 학습을 통해 주어집니다. 의심을 배우는 것처럼, 확신도 배우는 것입니다. 우리가 배움을 통해 이르게 되는 확신은 견고한 확신입니다. 그냥 아는 것과 배움을 통해 아는 것은 큰 차이가 있습니다. 우리가 성경 공부를 하는 이유는 성경 공부가 우리 신앙의 체계를 잡아 주기 때문입니다.

신앙의 체계는 몸의 견고한 뼈대와 같습니다. 큰 건물의 기초와 같고, 기둥과 같습니다. 예수님은 말씀을 듣고 실천하는 사람을 반석 위에 집을 지은 사람에 비유하십니다(마 7:24). 반석 위에 집을 짓게 되면 견고합니다. 폭풍우 속에서도 흔들리지 않습니다.

저는 확신에 대한 모든 메시지가 기도와 연결되어 있음을 경험했습니다. 저는 기도할 때마다 경이로움 속에 빠져 듭니다. 그 이유는 하나님이신 예수님이 기도하시기 때문입니다. 하나님이신 성령님이 기도하시기 때문입니다. 기도가 무엇이기에 하나님도 기도하시는 것일까요? 하나님은 기도하시는 분이며 또한 우리를 기도의 세계로 초청하시는 분입니다. 하나님이 기도하신다면 연약한 우리가 기도하는 것은 당연한 일입니다.

이 책은 복음의 진수를 알고 싶은 분들을 위해 썼습니다. 견고한 확신에 이르기를 원하는 분들을 위한 책입니다. 흔들리는 중에도 예수님께 깊이 뿌리 내리기를 원하는 분들을 위한 책입니다. 또 확신에 찬 기도 생활을 원하는 분들을 위한 책입니다.

한 권의 책을 출판할 때마다 성심을 다해 섬겨 주시는 두란노 가족에게 깊은 감사를 드립니다. 또한 부족한 종을 중보해 주시고 사랑해 주시는 새생명비전교회 가족에게 감사를 드립니다. 마지막으로 견고한 확신 속에서 확신 기도를 드리도록 도와주시는 하나님께 감사와 영광을 올려 드립니다.

로스앤젤레스에서
강준민 드림

Solid Confidence and Prayer

Part 1.

흔들리는 세상,
견고한 확신이 필요하다

1장 견고한 확신과 기도

어떤 적도 공격할 수 없는 은밀한 피난처

로마서 8:1-4

≫ 연약한 우리, 어떻게 넉넉히 이길 수 있을까?

우리는 연약합니다. 그래서 흔들립니다. 바람에 나부끼는 갈대처럼 흔들립니다. 꺼져 가는 등불처럼 흔들립니다. 우리는 코로나 바이러스 앞에 흔들리고 있습니다. 온 세계가 흔들리고 있습니다. 두려워하고 염려합니다. 두려움과 염려는 의혹을 낳습니다. 사람들을 경계하게 만듭니다.

예수님을 믿는 사람도 흔들릴 수 있습니다. 잠시 흔들리는 것, 두려워하는 것을 부끄러워해서는 안 됩니다. 그것은 우리가 연약한 인간이라는 사실을 깨닫는 순간입니다. 하지만 계속 흔들리지는 않아야 합니다. 우리는 견고히 서야 합니다. 두려움에 머물러서는 안 됩니다. 우리는 예수님 안에 머물러야 합니다. 하나님의 말씀 안에 머물러야 합니다.

저도 코로나 바이러스 소식을 접하면서 잠시 흔들렸습니다. 텅 빈 예배당에서 설교해야 할 것을 생각하니 염려가 되었습니다. 하지만 그런 생각에 오래 머물지 않았습니다. 깊이 생각했고 지나간 역사를 연구했습니다. 과거에 전염병이 찾아왔을 때 그리스도인들은 어떻게 대처했는지를 생각했습니다. 저는 거듭 성경으로 돌아갔고 거듭 하나님의 품에 안겼습니다. 흔들림이 없는 복음으로 돌아갔습니다. 영원히 흔들리지 않는 하나님의 약속으로 돌아갔습니다.

지금처럼 흔들리는 때에 필요한 것은 견고한 확신입니다. 견고한 확신과 함께 기도해야 합니다. 기도는 우리의 피난처 되시는 예수님의 품에 들어가는 것입니다. 하나님은 우리의 피난처요, 요새이십니다. 하나님의 품은 어떤 적도 공격할 수 없는 은밀한 피난처입니다. 우리는 예수 그리스도 안에 들어갈 때 가장 안전합니다.

로마서 8장은 견고한 확신으로 가득 차 있습니다. 그래서 우리로 하여금 견고한 확신을 갖도록 도와줍니다. 로마서 8장은 성경 안에 담긴 보석 중의 보석이요 보배 중의 보배입니다. 로마서 8장 1절은 결코 흔들리지 않는 복음을 알려 줍니다.

그러므로 이제 그리스도 예수 안에 있는 자에게는 결코 정죄함이 없나니
롬 8:1

저는 이 말씀을 좋아합니다. 그 이유는 우리가 붙잡아야 할 확신의 메시지이기 때문입니다. 예수님 안에 있는 자에게는 결코 정죄함이 없습니다. "결코", "결코", "결코"를 반복해서 외치고 싶습니다. 바울은 1절에서 확신에 찬 복음을 선포합니다. 그리고 로마서 8장의 결론 부분에서 승리의 확신을 선포합니다.

> 그러나 이 모든 일에 우리를 사랑하시는 이로 말미암아 우리가 넉넉히 이기느니라 롬 8:37

정말 확신에 넘치는 말씀입니다. 우리는 모든 일에 우리를 사랑하시는 하나님으로 말미암아 넉넉히 이길 수 있습니다. "이 모든 일"은 정말 '모든 일'입니다. 좋은 일만이 아니라 어려운 일도 포함되어 있습니다. 모든 일 속에는 우리가 경험하는 전염병도 있고 고난과 고통, 온갖 질병도 들어 있습니다. 이 모든 일에 우리를 사랑하시는 하나님으로 말미암아 우리가 넉넉히 이긴다고 선포합니다. 그냥 이기는 것이 아니라 넉넉히 이기는 것입니다. 로마서 8장은 "확신"이라는 단어를 사용함으로써 견고한 확신을 선포합니다.

> 내가 확신하노니 사망이나 생명이나 천사들이나 권세자들이나 현재 일이나 장래 일이나 능력이나 높음이나 깊음이나 다른 어떤 피조물이라도 우리를 우리 주 그리스도 예수 안에 있는 하나님의 사랑에서 끊을 수 없으리라 롬 8:38-39

바울은 확신하고 있습니다. 어떤 것도 우리 주 그리스도 예수 안에 있는 하나님의 사랑에서 끊을 수 없다는 것입니다. 이는 안전에 대한 확신입니다. 영원한 구원에 대한 안전입니다. 로마서 8장 전체는 그리스도인의 확신에 대한 말씀입니다. 로마서 8장 1-4절은 8장 전체의 서론과 같습니다. 하지만 로마서 전체와 연결되고, 성경 전체와 연결되기도 합니다.

견고한 확신은 예수님 안에 있다

하나님은 우리가 견고한 확신을 갖고 사는 정도가 아니라, 확신을 누리며 살기를 원하십니다. 확신이란 굳게 믿는 것입니다. 견고한 확신은 단단한 확신입니다. 동요됨이 없는 확신입니다. 우리의 견고한 확신은 복음 안에 있습니다. 복음 되시는 예수님 안에 있습니다. 우리 자신에게도, 날마다 변화하는 환경에도 있지 않습니다. 거짓 뉴스에도 있지 않습니다. 우리의 확신은 하나님의 능력과 하나님이 하신 일을 신뢰하는 데 있습니다. 로마서 8장 1절의 말씀은 "그러므로"로 시작됩니다.

> 그러므로 이제 그리스도 예수 안에 있는 자에게는 결코 정죄함이 없나니
>
> 롬 8:1

이 단어는 로마서 1-7장 전체의 결론과 같습니다. 로마서 1-7장은 복음을 증거하고 있습니다. 증거하는 복음의 내용은 간단합니다. 인간은 죄인입니다. 율법을 지킬 수가 없습니다. 어떤 사람도 율법의 행위로 의롭다 함을 얻을 수 없습니다. 스스로를 구원할 수 없습니다. 인간 스스로의 힘으로 율법을 지킬 수 없습니다.

인간은 죄를 지었기 때문에 죄의 값을 지불해야 합니다. 그 죄의 값은 사망입니다. 죄를 지으면 유죄 선고, 곧 심판을 받게 됩니다. 그런데 예수님이 우리 죄를 대신 담당해서 죽으심으로 우리를 구원하셨습니다. 우리에게 예수님의 의를 전가해 주심으로써 우리가 의롭다 하심을 얻은 것입니다. 우리는 스스로를 구원할 수 없습니다. 오직 예수님을 믿을 때 예수님의 구속의 은혜로만 구원을 받게 됩니다. 가장 놀라운 기적은 우리가 구원을 받은 것입니다. 가장 놀라운 축복은 우리가 구원을 받은 것입니다.

중요한 것은 구원 속에 놀라운 축복이 패키지로 들어 있다는 것입니다. 구원을 받고도 그 구원을 잘 의식하지 못하고 누리지 못하는 사람들이 있습니다. 예수님을 믿을 때 예수님이 우리 안에 들어오십니다. 그때 그리스도의 영이신 성령님이 우리 안으로 들어오시게 됩니다. 또한 우리도 예수님 안으로 들어가게 됩니다. 문제는 우리가 예수님 안으로 들어갔는데도 그 사실을 망각하고 사는 것입니다.

"무엇인가를 받는 것과 그것을 인식하는 것과는 차이가 있습니다.

무엇을 받는 것과 그것을 누리는 것과는 차이가 있습니다."

"하나님은 우리가 복음을 통해 받은 것을 알고 누리길 원하십니다."

사도 바울은 로마서 5장 1절에서 이미 구원을 받은 우리가 누려야 할 것에 대해 언급했습니다.

> 그러므로 우리가 믿음으로 의롭다 하심을 받았으니 우리 주 예수 그리스도로 말미암아 하나님과 화평을 누리자 롬 5:1

우리는 믿음으로 의롭다 하심을 받았습니다. 우리의 의는 우리에게서 나온 것이 아닙니다. 예수님께로부터 전수받은 예수님의 의입니다. 복음을 믿음으로써 구원을 받고 의롭다 하심을 얻은 우리가 해야 할 일은 주 예수님으로 말미암아 하나님과 화평을 누리는 것입니다. 로마서 8장 1절에 나오는 "그리스도 예수 안에 있는 자에게는 결코 정죄함이 없다"는 말씀은 '정죄함이 없다'는 사실을 강조하고 있습니다. 우리가 구원을 받을 때 죄가 없어지는 것을 강조합니다.

반면에 로마서 5장 1절은 그리스도 예수 안에 있는 자는 하나님과 화평을 누리라고 말합니다. 이 말씀은 그리스도 안에서 없어지는 것이 아니라 우리가 누리게 되는 축복을 강조하는 것입니다. 이 두 사실은 하나입니다. 표현만 다를 뿐, 서로 연결되어 있습니다.

구원받은 성도는 예수님을 믿음으로 칭의, 즉 의롭다 하심을 받게 됩니다. 의롭다 하심을 받은 성도는 성화에 이르게 되고, 성화에 이른 성도는 결국 영화 속으로 들어가게 됩니다. 이는 구원의 길에 들어선다면 반드시 성화와 영화에 이르게 된다는 사실을 강조하고 있습니다. 영화는 하나님의 영광에 이르는 경험을 하는 것입니다. 영광스러운 예수님을 닮아 그분의 영광에 참여하는 것입니다. 그 영광을 미리 바라보며 기뻐하는 것이 구원받은 성도가 하는 일입니다. 이것이 로마서 5장 2절 말씀에 담겨 있습니다.

> 또한 그로 말미암아 우리가 믿음으로 서 있는 이 은혜에 들어감을 얻었으며 하나님의 영광을 바라고 즐거워하느니라 롬 5:2

이 말씀은 로마서 8장 30절과 연결됩니다.

> 또 미리 정하신 그들을 또한 부르시고 부르신 그들을 또한 의롭다 하시고 의롭다 하신 그들을 또한 영화롭게 하셨느니라 롬 8:30

이것이 바로 하나님 아버지께서 그리스도 안에 주신 견고한 확신입니다. 우리는 때로 연약하여 죄를 지을 수 있습니다. 하지만 우리의 구원은 결코 잃지 않습니다. 때로 환난과 역경이 찾아올 때 흔들릴 수 있습니다. 하지만 우리의 구원은 결코 잃지 않습니다. 우리는 결국 그리스도의 영광에 이르게 됩니다. 바울은 믿음으로 서 있는 이 은혜에 이미 들어갔다고 말씀합니다. 그런 까닭에 우리는 하나님의 영광을 바라고 즐거워할 수 있습니다. 심지어 환난 중에도 즐거워하게 됩니다.

> 다만 이뿐 아니라 우리가 환난 중에도 즐거워하나니 롬 5:3상

하나님은 우리가 구원의 견고한 확신 속에서 화평을 누리길 원하십니다. 하나님의 영광을 바라고 즐거워하길 원하십니다. 또한 환난 때문에 흔들리지 않고, 환난 중에도 즐거워하길 원하십니다. 무엇이 이것을 가능하게 할까요? 바로 복음입니다. 예수님의 복음을 믿고 알고 누리는 믿음입니다. 그런 까닭에 우리는 의심이나 흔들림이 아닌 오직 믿음으로 살아야 합니다.

> 복음에는 하나님의 의가 나타나서 믿음으로 믿음에 이르게 하나니 기록된 바 오직 의인은 믿음으로 말미암아 살리라 함과 같으니라 롬 1:17

복음은 믿는 자에게 구원을 주는 능력입니다. 또한 복음에는 하나님의 의가 나타나서 믿음으로 믿음에 이르도록 도와줍니다. 다시 말해 믿음으로 시작해서 믿음으로 마무리를 하는 것입니다. 그런 까닭에 우리는 오직 믿음으로 말미암아 살아야 합니다.

예수님을 믿는 순간 주신 확신

> 그러므로 이제 그리스도 예수 안에 있는 자에게는 결코 정죄함이 없나니
> 롬 8:1

정죄란 유죄를 선언하는 것입니다. 정죄라는 유죄 선고를 받으면 심판을 받게 됩니다. 정죄를 받는다는 것은 두려운 것입니다. 그 이유는 정죄 후에 심판이 기다리고 있기 때문입니다. 정죄를 받으면 자신감과 담대함이 사라집니다. 수치심과 후회가 따라옵니다. 아담이 선악과를 따 먹은 후에 하나님의 낯을 피해 숨습니다. 하나님이 범죄한 아담을 찾아오셔서 부르십니다. 아담의 대답을 들어 보십시오.

> 이르되 내가 동산에서 하나님의 소리를 듣고 내가 벗었으므로 두려워하여 숨었나이다 창 3:10

벗었다는 것은 수치심을 의미합니다. 부끄러움을 의미합니다. 또한 아담은 두려워했습니다. 이것은 우리 인류의 운명이었습니다. 아담에게는 정죄가 임했습니다. 죽음과 저주가 임했습니다. 우리가 본래 첫 번째 아담 안에 있을 때 우리는 그와 더불어 죄인이었습니다. 그와 더불어 정죄를 받았습니다. 그와 더불어 욕심을 따라 행했습니다. 그와 더불어 하나님의 낯을 피해 살았습니다. 그와 더불어

심판과 저주 아래 있었습니다. 사망의 두려움 속에 살았습니다.

그런데 그리스도 예수 안에 있는 자에게는 결코 정죄함이 없습니다. 우리가 예수님을 믿는 순간 예수님이 우리 안에 들어오시고 우리가 예수님 안으로 들어갑니다. 우리는 첫 번째 아담에게서 나와, 마지막 아담이신 예수님 안으로 들어갔습니다. 이것은 놀라운 신비이며, 놀라운 진리입니다. 성경이 밝히 선언하는 진리입니다. 이것은 우리의 느낌과 상관이 없습니다.

우리가 미국 안에 살다가 멕시코 안으로 들어갔다고 생각해 봅시다. 또한 멕시코에 살다가 미국 안으로 들어왔다고 생각해 봅시다. 우리가 남한에 살다가 북한에 들어갔다고 생각해 봅시다. 반대로 북한에 살다가 남한에 들어갔다고 생각해 봅시다. 그것은 느낌의 문제가 아니라 사실의 문제입니다. 장소가 바뀐 것입니다. 장소가 바뀌면 법도 바뀌고 모든 것이 바뀝니다.

토론토 큰빛교회 임현수 원로 목사님이 북한의 강제수용소에서 지내는 동안 엄청난 고통을 받았습니다. 예수님으로 인해 담대한 마음을 가졌지만, 그 안은 두려움과 공포와 절망으로 가득 찬 곳이었습니다. 거짓과 위협과 협박으로 가득 찬 곳이었습니다. 임 목사님은 북한의 강제수용소에서 스스로 나올 수가 없었습니다. 북한 정부의 노예가 되었습니다.

임현수 목사님이 자유하게 되기 위해서는 밖에서 누군가가 도와주어야 했습니다. 수많은 분들이 중보기도를 드렸습니다. 하나님의 은혜로 캐나다 정부가 개입했습니다. 캐나다 정부의 도움으로 북한에서 나올 수 있었습니다. 캐나다 수상이 제공한 비행기를 타고 캐나다로 돌아왔습니다. 북한의 강제수용소와 캐나다는 하늘과 땅 차이였습니다. 캐나다에는 자유와 평강과 소망이 넘쳤습니다. 위로와 격려와 사랑이 넘쳤습니다. 치유와 회복의 역사가 있었습니다. 모든 것이 풍요로웠습니다.

여기서 우리가 주목해야 할 말씀이 "그리스도 예수 안에 있는 자"입니다. 왜 이 말씀이 중요할까요? 예수님을 믿지 않으면 우리는 모두 첫 번째 아담 안에 거하는 사람들이기 때문입니다. 첫 번째 아담이 우리에게 준 것은 정죄입니다. 그는 선악과를 따먹음으로써 정죄를 받았습니다. 곧 유죄 판결을 받은 것입니다. 그리함으로 그는 죄와 사망의 법 아래서 살았습니다. 하나님이 그에게 주셨던 생명의 풍성함을 누릴 수 없었습니다. 그 사실을 로마서 5장은 분명하게 밝힙니다.

> 또 이 선물은 범죄한 한 사람으로 말미암은 것과 같지 아니하니 심판은 한 사람으로 말미암아 정죄에 이르렀으나 은사는 많은 범죄로 말미암아 의롭다 하심에 이름이니라 롬 5:16

하나님의 심판은 범죄한 첫 번째 아담으로 말미암은 것입니다. 그로 말미암아 정죄가 임했습니다. 그런데 아담은 모든 인류의 조상입니다. 그를 따라 태어난 모든 인류는 그의 범죄 속에 태어났습니다. 그리함으로 모든 사람은 정죄를 받게 되었습니다. 반면에 두 번째 아담이신 예수님으로 말미암아 우리는 의롭다 하심을 받았고 생명에 이르게 되었습니다.

> 그런즉 한 범죄로 많은 사람이 정죄에 이른 것같이 한 의로운 행위로 말미암아 많은 사람이 의롭다 하심을 받아 생명에 이르렀느니라 롬 5:18

바울은 영적 진리를 설명할 때 대조를 통해 설명합니다. 아주 탁월한 성경 교사입니다. 우리가 첫 번째 아담 안에 있을 때는 그와 더불어 정죄를 받게 됩니다. 하지만 우리가 첫 번째 아담에서 두 번째 아담이신 예수님 안으로 옮겨 갈 때 놀라운 일이 전개됩니다. 우리는 더 이상 정죄를 받지 않습니다. 더 이상 정죄를 받지 않는 정도가 아니라 하나님이 예비하신 풍성한 축복을 받아 누리게 됩니다.

그리스도 예수 안에 거하는 우리가 해야 할 일은 그 사실을 확실하게 아는 것입니다. 또한 그리스도 예수 안에 거하는 우리가 해야 할 일은 구원의 확신 속에서 누리는 것입니다. 불안해하지 않는 것입니다.

임현수 목사님이 캐나다에 도착해서 한 일은 감사였습니다. 하나님께 감사했습니다. 중보기도를 해 준 분들께 감사했습니다. 캐나다 정부에 감사했습니다. 만약 캐나다 시민권자가 아니었으면 북한에서 풀려나지 못했을 것이라고 말씀하는 것을 들었습니다. 그다음에 임 목사님이 하시는 일은 누리는 것입니다. 자유를 만끽하는 것입니다. 지금은 전 세계를 다니면서 그리스도의 복음을 전하고 캐나다 정부가 개입해서 도와준 일에 대해 간증하고 있습니다. 북한 정부는 임 목사님을 정죄했습니다. 무기노동교화형을 언도했습니다. 그런데 캐나다 정부는 임 목사님을 무죄라고 선언했습니다. 캐나다 시민이 된 임 목사님을 더 이상 아무도 고발할 수 없습니다. 아무도 정죄할 수 없습니다. 바울의 선언을 들어 보십시오. 하나님이 택하신 자들을 아무도 고발할 수 없습니다. 정죄할 수 없습니다.

> 누가 능히 하나님께서 택하신 자들을 고발하리요 의롭다 하신 이는 하나님이시니 누가 정죄하리요 롬 8:33-34상

이것이 바울의 확신입니다. 예수님 안에서 하나님의 택하심을 받은 자들을 어느 누구도 고발할 수 없습니다. 하나님이 의롭다고 선언했는데 누가 정죄할 수 있겠느냐는 말입니다. 이것이 견고한 확신입니다. 우리는 예수님 안에서 하나님의 택하심을 받았습니다. 하나님이 예수님 안에서 우리를 택하시고 의롭다고 선언하셨습니다. 그렇다면 누가 정죄할 수 있겠습니까? 의로우신 재판관인 하나님이 우리 죄를 예수님께 담당시키시고 예수님을 정죄하셨습니다. 그리고 우리는 예수님의 십자가 희생을 통해 더 이상 심판을 받지 않게 되었습니다. 하나님이 우리를 의롭다고 선언하신 것입니다. 또한 우리는 예수님을 믿는 순간 영생을 얻었습니다. 미래형이 아닙니다. 지금 우리가 영생을 소유한 것입니다.

진실로 진실로 너희에게 이르노니 믿는 자는 영생을 가졌나니 요 6:47

이 말씀은 프랜시스 쉐퍼가 가장 좋아하는 말씀 중에 하나입니다. 견고한 확신을 위해 그가 늘 붙잡았던 말씀입니다.

죄와 사망의 법으로부터 자유하게 된 확신

이는 그리스도 예수 안에 있는 생명의 성령의 법이 죄와 사망의 법에서 너를 해방하였음이라 롬 8:2

바울은 우리가 예수님을 만나기 전에 죄와 사망의 법의 노예였다고 말합니다. 그것은 사실입니다. 첫 번째 아담 안에서 우리는 그와 더불어 죄를 지었습니다. 정죄를 받았습니다. 심판을 받게 되었습니다. 죄의 심판의 절정은 죽음입니다. 사망입니다. 우리는 죽음 앞에 두려워하는 존재입니다. 우리를 두렵게 하는 것은 죄의 심판, 즉 사망입니다.

그렇다면 우리가 죄가 있다는 사실, 즉 죄인이라는 사실을 알려 준 것이 무엇일까요? 즉, 우리 죄를 드러내고 유죄 선고를 한 것은 무엇일까요? 그것은 율법입니다. 우리는 예수님을 만나기 전에 첫 번째 아담 안에 있었습니다. 또한 율법 아래 있었습니다. 율법은 선한 것이지만, 우리 죄를 드러내는 것이기도 합니다. 우리를 고발하는 것입니다. 또한 우리 죄에 대해 유죄 선고를 하는 것입니다. 심판을 선고하는 것입니다. 사망이라고 선언하는 것입니다. 그리함으로 우리를 죄와 사망의 노예가 되게 했습니다.

그런데 예수님이 오심으로, 예수님을 통해, 예수님 안에서, 예수님으로 말미암아 우리는 새로운 법의 적용을 받게 되었습니다. 그것은 생명의 성령의 법입니다. 생명의 성령의 법 아래 들어감으로 우리는 죄와 사망의 법에서 해방된 것입니다. 해방은 자유를 의미합니다. 자유란 갇혀 있거나 감금된 상태가 아닙니다. 매여 있는 상태가 아닙니다. 자유란 풀려난 것입니다. 속박으로부터 풀려난 것입니다.

바울은 로마서 7장에서 놀라운 비유를 들어 이 사실을 알려 줍니다. 그것은 전 남편과 새 남편의 비유입니다. 전 남편이 살아 있는 동안에는 전 남편의 권세 아래 있었습니다. 그 남편의 영향력 아래 있었습니다. 그 남편의 이름은 율법입니다. 율법이라는 남편은 우리의 죄를 드러내고 고소하는 사람입니다. 사랑이 없는 것은 아니지만 너무 의롭기 때문에 죄를 보면 견딜 수가 없는 것입니다.

이 남편은 아내를 보면 늘 부족한 것만 들추어냅니다. 말로는 사랑한다고 하면서 늘 나쁜 점을 고치라고 합니다. 정죄감과 수치감과 모멸감을 갖게 만드는 것입니다. 부족한 것을 아는데, 부족하다고 계속 말하면 더욱 괴로워집니다. 게다가 어떤 형벌을 받게 될 것인지를 계속 말해 주는 것입니다.

그런데 이 남편이 죽었습니다. 남편이 죽으면 아내는 더 이상 전 남편의 영향력 아래 있지 않게 됩니다.

> 남편 있는 여인이 그 남편 생전에는 법으로 그에게 매인 바 되나 만일 그
> 남편이 죽으면 남편의 법에서 벗어나느니라 롬 7:2

로마서 7장을 보면 남편이 죽은 후에 새 남편을 만나게 됩니다. 이 새 남편은 예수 그리스도이십니다. 이것은 영적 비유이며 또한 진리입니다. 율법이란 남편에게서 새 남편 예수님에게로 옮겨 온 것입니다.

새 남편이신 예수님은 전 남편과는 정말 다릅니다. 예수님은 우리의 모든 죄를 대신 책임져 주십니다. 모든 죄를 대신 담당해 주십니다. 자신이 가진 모든 좋은 것을 우리에게 주십니다. 또한 우리가 가지고 있는 나쁜 것과 죄와 부족한 것을 대신 가져가십니다. 마르틴 루터는 다음 글에서 이 점을 강조합니다.

그리스도는 은총과 생명과 구원이 충만하시다. 영혼은 죄와 죽음과 멸망으로 충만하다. 이제 신앙을 그들 사이에 끼워 보자. 그러면 죄와 죽음과 멸망은 그리스도의 것이 될 것이고, 한편 은총과 생명과 구원은 영혼의 것이 될 것이다. 그 이유는 만일 그리스도가 신랑이시라면 그는 그의 신부의 것을 자신이 맡으셔야 하고 그의 것을 신부에게 주셔야 하기 때문이다. 만일 그리스도가 그의 몸과 그 자신을 신부에게 주신다면 어떻게 그가 그에게 속한 모든 것을 그 신부에게 주시지 않

겠는가? 그리고 만일 그가 신부의 몸을 취한다면 어떻게 그가 그 신부에게 속한 모든 것을 취하시지 않겠는가?

/ 마르틴 루터, 《말틴루터의 종교개혁 3대 논문》, 컨콜디아사, 307쪽

마르틴 루터는 신랑 되신 예수님과 예수님의 신부가 된 우리 사이에 영적으로 어떤 일이 일어났는가를 좀 더 적나라하게 묘사합니다. 그는 우리가 본래 창기와 같은 사악한 사람들이었다고 말합니다. 이것은 비유지만 사실입니다.

■ 이 부유하고 거룩하신 신랑 그리스도는 이제 이 가난하고 사악한 창기와 결혼하시고(비유적으로) 그 여자를 모든 악에서 사해 주시며 또한 그 여자를 자기의 모든 선한 것으로 치장해 주신다. 죄는 이제 그 여자를 멸망시킬 수 없다. 왜냐하면 그 죄는 그리스도에게 전가되고 그리스도에 의해 삼키운 바 되었기 때문이다. 그리고 이 여자는 그의 남편인 그리스도 안에 있는 의를 가진다.

/ 마르틴 루터, 《말틴루터의 종교개혁 3대 논문》, 컨콜디아사, 308쪽

이것이 루터의 확신입니다. 그가 로마서를 공부하는 가운데 얻은 확신입니다. 하나님의 말씀에 근거한 확신입니다. 그는 바로 이 진리 안에서 자유하게 되었습니다. 오직 예수, 오직 은혜, 오직 성경, 오직 믿음, 오직 하나님께 영광을 돌리는 종교 개혁의 과업을 이룬 것입니다.

우리가 구원받은 것은 오직 예수 그리스도로 말미암은 것입니다. 또한 성령님으로 말미암은 것입니다. 우리가 예수님을 믿을 때 우리 안에 성령님이 들어오십니다. 성령님의 법은 생명의 성령의 법입니다. 성령님이 우리 안에 들어오실 때 생명이 역사합니다. 생명이 역사하면 더 이상 죄와 사망이 역사할 수 없습니다. 그리함으로 우리는 죄와 사망의 법으로부터 자유하게 됩니다. 이것이 그리스도인의 자유이며 그리스도인의 확신입니다.

율법을 완성하신 예수님으로 인한 확신

바울은 우리가 죄와 사망의 법에서 자유하게 될 수 있는 근거를 설명해 줍니다. 그것은 예수님의 성육신입니다.

> 율법이 육신으로 말미암아 연약하여 할 수 없는 그것을 하나님은 하시나니 곧 죄로 말미암아 자기 아들을 죄 있는 육신의 모양으로 보내어 육신에 죄를 정하사 롬 8:3

율법은 마치 검사와 같습니다. 율법은 우리 죄를 의로우신 재판관에게 고발합니다. 검사는 죄인에게 죄가 있다고 기소하는 사람입니다. 검사는 모든 죄를 낱낱이 조사해서 정죄해 달라고 기소합니다. 그런데 검사의 역할을 하는 율법이 할 수 없는 것이 있습니다.

그것은 육신으로 말미암아 연약한 우리를 의롭게 할 수 없는 것입니다. 즉 죄인을 변화시키는 것입니다. 세상 법정을 생각해 봅시다. 검사의 기소를 따라 세상 법정의 판사가 유죄를 선고했습니다. 그러나 그 사람을 변화시킬 수는 없습니다.

하지만 예수님을 만나면 변화됩니다. 하나님의 사랑을 경험하면 변화됩니다. 율법이 할 수 없는 것을 복음은 할 수 있습니다. 하나님의 은혜는 할 수 있습니다.

인간은 율법의 요구를 온전히 이룰 수 없습니다. 그 이유는 인간의 죄성 때문입니다. 우리 안에는 죄성이 있어서 율법을 지킬 수가 없습니다. 율법이 요구하는 것을 알지만 그 율법을 따라 살 수 있는 능력이 없습니다. 율법을 온전히 지켜야 의롭게 되고 생명의 길로 들어가게 되는데 그렇게 할 수 없습니다. 이처럼 우리는 연약합니다. 그러나 하나님은 율법이 육신으로 말미암아 연약하여 할 수 없는 것을 하십니다. 율법이 할 수 없는 것을 하시기 위해 하나님은 자기 아들 예수님을 죄 있는 육신의 모양으로 보내셨습니다.

> 곧 죄로 말미암아 자기 아들을 죄 있는 육신의 모양으로 보내어 육신에
> 죄를 정하사 롬 8:3

예수님은 본래 하나님이십니다. 그런데 하나님이 예수님을 죄 있는 육신의 모양으로 보내신 것입니다. 이것을 성육신이라고 합니다. 하나님이 죄 있는 육신의 모양을 입으신 것입니다. 하나님이 바

로 예수님의 육신에 죄를 정하셨습니다. 그리고 우리를 대신해서 예수님을 십자가에서 정죄하셨습니다. 육신에 죄를 정했다는 말씀은 정죄를 받으셨다는 것을 의미합니다.

> 육신으로 말미암아 율법이 미약해져서 해낼 수 없었던 그 일을 하나님께서 해결하셨습니다 곧 하나님께서는 자기의 아들을 죄된 육신을 지닌 모습으로 보내셔서, 죄를 없애시려고 그 육신에다 죄의 선고를 내리셨습니다 롬 8:3, 새번역

예수님이 우리 대신 정죄를 받으셨습니다. 하나님 아버지께서 죄를 알지도 못하신 예수님을 죄가 되게 하셔서 유죄 선고를 내리셨습니다. 그 죄는 본래 우리의 죄입니다. 예수님이 우리 죄를 대신 지고 유죄 선고를 받으시고 하나님의 심판을 받으신 것입니다. 그리함으로 예수님이 정죄를 받으셨습니다. 정죄를 받으심으로 죄의 희생 제물이 되셨습니다. 속죄 제물이 되셨습니다. 이제 우리는 예수님이 우리 대신 정죄를 받으신 까닭에 더 이상 정죄를 받을 필요가 없게 되었습니다.

예수님은 율법이 요구하는 모든 것을 다 이루셨습니다. 예수님은 완전히 의로우시고, 완전히 거룩하십니다. 예수님은 말씀에 온전히 순종하신 분입니다. 흠이 없는 분입니다. 죄를 알지도 못하신 분입니다. 예수님은 죽기까지 우리를 사랑하셨습니다. 예수님은 악을 행하지 않으셨습니다. 자신에게 악을 행하는 사람들을 용서하셨

습니다. 그리함으로 율법을 완성하셨습니다. 바울은 사랑이 율법의 완성이라고 말씀합니다(롬 13:10).

예수님은 하나님의 공의와 사랑을 한꺼번에 십자가에서 이루셨습니다. 친히 우리 죄를 대신 담당하시고 하나님의 심판을 받으심으로써 하나님의 공의를 이루셨습니다. 또한 죄는 미워하시지만 죄인을 사랑하시는 하나님의 사랑을 함께 이루셨습니다. 그 예수님이 우리에게 성령님을 보내 주셔서 율법의 요구를 이룰 수 있는 능력을 부어 주신 것입니다. 우리가 예수님과 연합함으로써 우리도 성령님의 능력을 따라 율법의 요구를 이루게 된 것입니다.

> 육신을 따르지 않고 그 영을 따라 행하는 우리에게 율법의 요구가 이루어지게 하려 하심이니라 롬 8:4

이것이 놀라운 복음입니다. 우리는 복음을 통해 변화되었습니다. 여기서 "육신"은 인간의 죄성, 죄의 본성을 말합니다. 우리는 본래 육신의 죄성을 따라 살았습니다. 그런데 이제 예수님을 믿고 성령님이 우리 안에 들어오심으로써 영의 사람이 되었습니다. 성령님을 통해 영을 따라 행하는 사람이 되었습니다. 어떤 사람도 율법을 지킴으로 구원을 받을 수 없습니다. 왜냐하면 율법을 온전히 지킬 수 없기 때문입니다. 율법 아래 있으면 죄와 사망의 법 아래 있게 됩니다. 하지만 예수님을 믿고 생명의 성령의 법 아래로 들어가면 율법을 지킬 수 있는 능력을 받게 됩니다. 곧 죄인이 변화됩니다. 변화를 경험하게 됩니다.

정죄함으로 변화되지 않았던 사람이 무조건적인 사랑으로 변화됩니다. 하나님의 풍성한 은혜로 변화됩니다. 예수님의 의를 전수받은 후에 그 의를 행할 수 있는 사람으로 변화됩니다. 이것이 복음입니다. 복음의 영광입니다.

≫ 확신과 담대함의 근거

우리가 기도할 때 가장 중요한 것은 확신입니다. 우리는 하나님께 나아갈 때 담대함과 확신을 가지고 나아가야 합니다.

> 우리가 그 안에서 그를 믿음으로 말미암아 담대함과 확신을 가지고 하나님께 나아감을 얻느니라 엡 3:12

우리의 담대함과 확신의 근거는 예수님을 믿는 믿음입니다. 우리의 담대함과 확신은 우리에게서 난 것이 아닙니다. 오직 예수님에게서 나온 것입니다. 예수님으로 말미암아, 예수님 안에서 나온 것입니다. 예수님을 믿음으로 갖게 된 것입니다.

우리의 담대함과 확신의 근거는 약속의 말씀입니다. 마귀는 우리를 의심하게 만듭니다. 우리를 흔드는 것이 그가 하는 일입니다. 우리 인간은 참으로 약합니다. 때로는 아주 작은 것에 흔들립니다.

코로나 바이러스 때문에 미국에서 가장 관심의 대상이 된 것이 화장실에서 사용하는 화장지(toilet paper)입니다. 마켓마다 화장지 전쟁입니다. 화장지가 없습니다. 화장지가 그토록 가치 있는지 몰랐습니다. 그토록 사람들의 사랑의 대상이 될 줄은 몰랐습니다. 그토록 좋은 선물이 될 줄은 몰랐습니다. 이번에 코로나 바이러스 때문에 가장 영광을 받은 것이 화장지입니다. 사람들이 화장지를 사 모으고 화장지를 의지합니다. 화장지가 몇 개 있는지 세어 보며 넉넉하면 안심하고, 몇 개 남아 있지 않으면 불안해합니다. 제가 조금 과장된 표현을 한 것인지는 모르겠지만, 화장지 전쟁의 모습은 우리가 하나님보다 바이러스를 더 무서워한 결과임을 부인할 수가 없습니다.

사람들은 코로나 바이러스 때문에 정부의 말에 순종하고 있습니다. 학교도, 식당도, 극장도, 술집도 문을 닫은 곳이 많습니다. 교회도 예배를 온라인으로 전환했습니다. 그런데 우리는 과연 얼마나 하나님과 그분의 말씀을 두려워하며 순종해 왔을까요? 우리의 건강과 안전을 위해 정부가 내린 결정이 잘못되었다고 말하는 것은 아닙니다. 우리의 신앙을 새롭게 점검해 볼 필요가 있다는 사실을 말씀드리고 싶은 것입니다.

그리스도인의 견고한 확신은 하나님의 약속의 말씀입니다. 바울은 아브라함의 믿음에 대해 기록합니다. 아브라함은 우리 믿음의 조상입니다. 그의 견고한 확신은 약속의 말씀을 믿는 믿음이었습니다.

믿음이 없어 하나님의 약속을 의심하지 않고 믿음으로 견고하여져서 하나님께 영광을 돌리며 약속하신 그것을 또한 능히 이루실 줄을 확신하였으니 롬 4:20-21

그의 견고한 믿음은 하나님의 약속에 근거했습니다. 또한 하나님이 약속하신 것을 능히 이루실 수 있다는 믿음에 있었습니다. 즉, 하나님의 성품과 능력에 대한 견고한 확신이 있었던 것입니다. 우리가 기도할 때 아브라함의 견고한 확신을 품고 기도해야 합니다.

로마서 8장은 확신의 장이면서 또한 기도의 장입니다. 로마서 8장은 하나님이 기도하신다는 사실을 증거하고 있습니다. 예수님이 우리를 위해 중보기도를 하시는 것과 성령님이 우리를 위해 중보기도를 하시는 것을 증거하고 있습니다. 이 사실이 왜 중요할까요? 예수님과 성령님이 우리를 위해 중보기도를 드리시기 때문입니다. 우리가 예수님과 성령님의 중보기도의 대상이기 때문입니다. 이것 또한 우리가 알아야 할 영적 지식이며, 영적 확신입니다. 우리는 로마서 8장에서 우리를 기도로 초청하시는 하나님의 음성을 듣습니다.

자기 아들을 아끼지 아니하시고 우리 모든 사람을 위하여 내주신 이가 어찌 그 아들과 함께 모든 것을 우리에게 주시지 아니하겠느냐 롬 8:32

하나님 아버지는 자기 아들까지 아끼지 아니하시고 우리에게 내어 주셨습니다. 그렇다면 그 아들 되시는 예수님과 함께 모든 것을 우리에게 주시는 것입니다. 우리가 해야 할 일은 기도입니다. 우리의 기도를 가로막는 가장 큰 장애물은 정죄감입니다. 의심입니다. 바울은 분명히 선언합니다. 그리스도 예수 안에 있는 사람에게는 결코 정죄함이 없습니다. 우리 죄는 예수님이 대신 담당하셨습니다. 우리를 견고하게 하는 것은 복음입니다. 바울은 로마서 전체에서 복음을 선포합니다. 그 이유는 하나님이 우리를 복음으로 견고하게 하시기 때문입니다.

> …이 복음으로 너희를 능히 견고하게 하실 지혜로우신 하나님께 예수 그리스도로 말미암아 영광이 세세무궁하도록 있을지어다 아멘 롬 16:26-27

우리는 흔들리지 않는 복음을 받았습니다. 하나님의 사랑을 받았습니다. 흔들리지 않는 나라를 받았습니다. 하나님의 나라는 흔들리지 않는 나라입니다. 천국은 흔들리지 않는 나라입니다.

> 그러므로 우리가 흔들리지 않는 나라를 받았은즉 은혜를 받자 히 12:28

하나님은 피난처가 되십니다. 우리의 가장 안전한 요새이십니다. 하나님께 피해야 합니다. 하나님을 전적으로 의지해야 합니다. 때로 흔들릴 수 있지만 우리를 끝까지 붙드시는 분은 하나님이십니다. 우리는 하나님의 사랑의 손 안에서 안전할 수 있습니다. 하나님의 사랑에서 우리를 끊을 것은 없습니다. 그 어떤 것도, 가난과 고난과 질병과 바이러스와 심지어 죽음까지도 우리를 하나님의 사랑에서 끊을 수 없습니다. 견고한 확신으로 우리 모두가 승리하기를 바랍니다.

> 그러므로 이제 그리스도 예수 안에 있는 자에게는 결코 정죄함이 없습니다. 이는 그리스도 예수 안에 있는 생명의 성령의 법이 죄와 사망의 법에서 우리를 해방하였기 때문입니다.

2장 성령님이 주시는 확신과 기도
폭풍우 속에 확실하고 든든한 닻

로마서 8:5-11

>> 확신에 이르는 과정

로마서 8장은 구원의 확신에 관한 말씀입니다. 사도 바울이 처음부터 확신을 갖고 살았던 사람은 아닙니다. 우리는 확신에 이르는 과정을 아는 것이 중요합니다. 예수님을 믿고 영접할 때 예수님이 우리 안에 들어오십니다. 예수님이 우리 안에 들어오실 때 우리는 예수님 안에 있는 영생을 선물로 받게 됩니다. 하지만 그리스도인들 가운데 이 사실을 잘 모르는 사람들이 꽤 있습니다. 그런 까닭에 견고한 확신을 갖지 못한 채 신앙생활을 하는 것입니다.

사도 요한이 요한일서를 쓴 이유 중의 하나가 그 당시 흔들리는 성도들에게 확신을 심어 주기 위해서였습니다. 확신에 이르기 위해서는 영적 지식이 필요합니다. 사도 요한은 예수님 안에서 영생을 이미 받은 성도들이 영생을 받은 줄 모른 채 살아가는 것이 안타까워 요한일서를 기록했습니다.

> 내가 하나님의 아들의 이름을 믿는 너희에게 이것을 쓰는 것은 너희로 하여금 너희에게 영생이 있음을 알게 하려 함이라 요일 5:13

이 말씀을 깊이 묵상해 보십시오. 우리는 하나님의 아들의 이름을 믿는 사람들입니다. 하나님의 아들이신 예수님을 믿는 사람은 영생을 얻게 됩니다. 왜냐하면 예수님 안에 영생, 즉 하나님의 생명이 있기 때문입니다.

> 또 증거는 이것이니 하나님이 우리에게 영생을 주신 것과 이 생명이 그의 아들 안에 있는 그것이니라 요일 5:11

예수님을 믿고 예수님을 영접하는 순간, 예수님 안에 있는 생명, 즉 영생이 우리 안에 들어오게 됩니다. 이미 영생을 선물로 받은 사람이 영생이 있음을 알지 못하고 살아간다는 것은 슬픈 일입니다.

"그리스도인의 참된 부요함은 자신이 이미 소유한 것을 깨닫고 누리는 데 있습니다."

자신이 소유한 것을 알아야 그것을 제대로 누릴 수 있습니다. 사도 요한은 예수님의 이름을 믿고 영생을 소유한 사실을 깨우친 다음에 이어서 기도에 대한 말씀을 주십니다.

> 그를 향하여 우리가 가진 바 담대함이 이것이니 그의 뜻대로 무엇을 구하면 들으심이라 우리가 무엇이든지 구하는 바를 들으시는 줄을 안즉 우리가 그에게 구한 그것을 얻은 줄을 또한 아느니라 요일 5:14-15

확신과 담대함이 우리를 확신에 찬 기도생활로 인도합니다. 로마서 8장은 우리가 확신에 찬 신앙생활과 확신에 찬 기도생활을 하도록 도와주는 말씀입니다.

성령님이 도우셔야 큰 확신에 이른다

우리가 예수님을 영접할 때 성령님이 우리 안에 들어오십니다. 우리가 예수님을 믿고 영접할 때 성령님이 우리 가운데 역사하심으로 우리는 새롭게 태어나게 됩니다. 성령님의 도우심 없이는 우리가 거듭날 수 없습니다. 성령님으로 인해 거듭나야 영의 사람이 됩니다.

> 예수께서 대답하여 이르시되 진실로 진실로 네게 이르노니 사람이 거듭

나지 아니하면 하나님의 나라를 볼 수 없느니라 요 3:3

예수께서 대답하시되 진실로 진실로 네게 이르노니 사람이 물과 성령으로 나지 아니하면 하나님의 나라에 들어갈 수 없느니라 요 3:5

우리가 부모로 받은 것은 육입니다. 우리가 성령님을 통해 하나님께 받은 것은 영입니다. 예수님은 이 사실을 분명히 알려 주십니다.

육으로 난 것은 육이요 영으로 난 것은 영이니 내가 네게 거듭나야 하겠다 하는 말을 놀랍게 여기지 말라 요 3:6-7

우리가 성령님을 통해 거듭날 때 우리는 영적으로 어린아이와 같습니다. 어린아이 때에는 영적 지식이 부족합니다. 그렇기 때문에 분명한 영적 지식을 갖고 견고한 확신에 이르기까지는 시간이 걸립니다. 그 과정에서 의심과 의혹의 공격을 받게 됩니다. 신앙 성장의 과정에서 의심을 경험하는 것은 당연한 것입니다. 하나님의 위대한 사람들도 때로 의심의 늪에 빠졌다는 사실을 잊지 말아야 합니다. 세례 요한이 감옥에 갇혔을 때 갑자기 의심이 그를 방문했습니다. 의심이 찾아오면 회의가 시작됩니다. 그는 의심과 회의 때문에 고통을 받다가 그의 제자를 예수님께 보내어 묻습니다. 예수님이 정말 메시아이신지를 묻습니다. 그때 예수님이 친절하고 온유하게 대답해 주십니다.

> 예수께서 대답하여 이르시되 너희가 가서 듣고 보는 것을 요한에게 알리
> 되 맹인이 보며 못 걷는 사람이 걸으며 나병환자가 깨끗함을 받으며 못
> 듣는 자가 들으며 죽은 자가 살아나며 가난한 자에게 복음이 전파된다 하
> 라 누구든지 나로 말미암아 실족하지 아니하는 자는 복이 있도다 하시니
> 라 마 11:4-6

예수님은 이 말씀을 통해 그를 위로하시고 그에게 확신을 심어
주십니다. 또한 그를 칭찬하심으로 격려해 주십니다.

> 내가 진실로 너희에게 말하노니 여자가 낳은 자 중에 세례 요한보다 큰
> 이가 일어남이 없도다 마 11:11

예수님의 제자 가운데 의심 많은 제자가 있었습니다. 그의 이름
은 도마입니다. 예수님이 부활하신 후에 제자들을 찾아오셨습니다.
도마는 그 자리에 없었습니다. 다른 제자들이 부활하신 예수님을
만났다고 말할 때 그는 그들의 말을 믿지 않았습니다.

> 다른 제자들이 그에게 이르되 우리가 주를 보았노라 하니 도마가 이르되
> 내가 그의 손의 못 자국을 보며 내 손가락을 그 못 자국에 넣으며 내 손을
> 그 옆구리에 넣어 보지 않고는 믿지 아니하겠노라 하니라 요 20:25

예수님이 도마의 생각을 아시고 8일이 지난 후에 도마가 함께 있을 때 제자들을 찾아오십니다. 그리고 도마에게 말씀하십니다.

도마에게 이르시되 네 손가락을 이리 내밀어 내 손을 보고 네 손을 내밀어 내 옆구리에 넣어 보라 그리하여 믿음 없는 자가 되지 말고 믿는 자가 되라 요 20:27

예수님은 의심하는 도마를 결코 정죄하지 않으셨습니다. 예수님은 그에게 더욱 확실한 증거가 필요한 것을 아셨습니다. 의심에는 두 종류의 의심이 있습니다. 첫째는 하나님을 믿지 않기 위해 의심하는 것입니다. 둘째는 하나님을 더욱 확실히 알기 위해 의심, 즉 의문을 품는 것입니다. 도마의 경우는 후자입니다. 예수님을 믿지 않기 위한 의심과 의문이 아니었습니다. 더욱 견고히 믿고 싶은 의심과 의문이었습니다. 예수님을 만난 도마는 바로 그 자리에서 놀라운 신앙 고백을 합니다.

도마가 대답하여 이르되 나의 주님이시요 나의 하나님이시니이다 요 20:28

베드로도 한때 흔들렸습니다. 하지만 예수님은 결코 정죄하지 않으셨습니다. 성경은 의심을 죄라고 정죄하지 않습니다. 오히려 의심하는 자를 긍휼히 여기라고 말씀합니다.

어떤 의심하는 자들을 긍휼히 여기라 유 1:22

바울이 로마서 8장을 쓰고 있는 이유는 예수님을 믿지만 흔들리고 있는 사람들에게 확신을 심어 주기 위해서입니다. 견고한 확신을 심어 주기 위해서입니다. 어떻게 우리가 의심을 넘어 확신에 이를 수 있을까요? 성령님의 도우심을 받아야 합니다. 우리가 복음을 받을 때 우리 가운데 역사하시는 분은 성령님입니다. 그 성령님이 우리 가운데 역사하실 때 우리는 큰 확신에 이르게 됩니다.

이는 우리 복음이 너희에게 말로만 이른 것이 아니라 또한 능력과 성령과 큰 확신으로 된 것임이라 우리가 너희 가운데서 너희를 위하여 어떤 사람이 된 것은 너희가 아는 바와 같으니라 살전 1:5

예수님의 제자들과 사도 바울도 성령 충만을 받았을 때 견고한 확신에 이른 것을 보게 됩니다. 그러므로 의심의 공격을 받을 때 너무 낙심하지 마십시오. 의심을 넘어 확신에 이르도록 성령님의 도우심을 받으십시오. 성령님은 우리의 작은 믿음을 격려하심으로 우리를 견고한 확신에 이르게 하십니다.

로마서 7장에서 바울은 자신 안에 있는 영적 전쟁에 대해 아주 솔직하게 기록하고 있습니다. 그가 때로 흔들린다는 사실을 말해 줍니다. 그가 원하는 선은 행하지 못하고 그가 원하지 않는 악을 행한다는 사실도 말해 줍니다. 그는 안타까운 마음으로 다음과 같이 외칩니다.

> 오호라 나는 곤고한 사람이로다 이 사망의 몸에서 누가 나를 건져내랴
> 롬 7:24

그는 자신의 내면을 성찰하고 분석하는 가운데 절망합니다. 자신에 대해 회의를 느낍니다. 그때 하나님이 그를 도와주십니다. 예수님을 바라보게 하십니다. 예수님을 바라보는 순간, 그는 감사를 드리게 됩니다.

> 우리 주 예수 그리스도로 말미암아 하나님께 감사하리로다 롬 7:25상

그의 눈길이 자신이 아닌 예수님을 향해 고정되는 순간 그는 감사하게 됩니다. 예수님이 하신 일과 예수님의 약속의 말씀과 예수님의 중보와 예수님의 사랑에 그의 생각이 고정되는 순간 확신에 찬 선언을 하게 됩니다.

> 그러므로 이제 그리스도 예수 안에 있는 자에게는 결코 정죄함이 없나니
> 이는 그리스도 예수 안에 있는 생명의 성령의 법이 죄와 사망의 법에서
> 너를 해방하였음이라 롬 8:1-2

J. C. 라일은 그의 책《구원의 확신》에서 바울이 어떻게 의심을 넘

어 확신에 이르게 되었는지를 기록하고 있습니다.

■ "오호라 나는 곤고한 사람이로다"라며 탄식했던 그는 자기 마음속
에 자리 잡은 죄악의 샘을 분명히 직시했다(롬 7:24). 하지만 그때에도
"모든 죄와 더러움"을 제거할 수 있는 다른 샘을 더욱 분명히 바라보
았다.

/ J. C. 라일,《구원의 확신》, 생명의말씀사, 40쪽

놀라운 표현입니다. 바울은 자신 안에 있는 죄악의 샘을 보았습
니다. 그때 그는 좌절했습니다. 하지만 그가 자신의 모든 죄와 더러
움을 씻어 주는 예수님의 보혈의 샘을 바라보았을 때 견고한 확신
에 이르게 되었습니다. 우리의 확신은 우리의 눈길이 예수님께 고
정될 때 가능합니다.

■ 바울은 자신이 폭풍우가 몰아치는 바다 위에 떠 있는 가련하고 연약
한 배임을 잘 알고 있었다. 자신을 둘러싸고 포효하는 폭풍우와 거세
게 일렁이는 파도를 보았다. 하지만 바로 그때 예수께로 눈을 돌이키
고 두려움을 떨쳐 버렸다. 확실하고 든든한 닻을 기억했다. 그를 사랑
하여 그를 위해 자신을 내어 주신 주님의 말씀과 사역과 중재를 기억
했다.

/ J. C. 라일,《구원의 확신》, 생명의말씀사, 41쪽

성령님은 하나님의 영이시며, 그리스도의 영이십니다. 성령님은 우리가 예수님을 영접할 때 우리 안에 들어오십니다. 예수님을 영접한 순간에 성령님이 우리 안에 들어오신 것을 믿으십시오. 그리함으로써 우리는 그리스도의 사람, 즉 그리스도에게 속한 사람이 된 것입니다.

> 만일 너희 속에 하나님의 영이 거하시면 너희가 육신에 있지 아니하고 영에 있나니 누구든지 그리스도의 영이 없으면 그리스도의 사람이 아니라
>
> 롬 8:9

성령님은 우리가 예수님을 믿고 우리 죄를 회개할 때 선물로 받게 된 분입니다(행 2:38). 성령님이 우리 안에 함께하심으로 우리는 죽음이 아닌 생명에 이르게 됩니다.

> 또 그리스도께서 너희 안에 계시면 몸은 죄로 말미암아 죽은 것이나 영은 의로 말미암아 살아 있는 것이니라 예수를 죽은 자 가운데서 살리신 이의 영이 너희 안에 거하시면 그리스도 예수를 죽은 자 가운데서 살리신 이가 너희 안에 거하시는 그의 영으로 말미암아 너희 죽을 몸도 살리시리라
>
> 롬 8:10-11

성령님은 예수님을 죽은 자 가운데서 살리신 분입니다. 성령님의 능력은 부활의 능력입니다. 예수님을 믿는 우리에게 성령님의 능

력이 함께하십니다. 그래서 우리는 사망이 아닌 생명을 얻게 됩니다. 영원한 형벌과 죽음이 아닌 영원한 축복과 영생을 얻게 된 것입니다.

성령님은 우리 생각을 바꾸신다

바울은 생각의 중요성을 깨달은 사람입니다. 그는 육신의 일과 영의 일 그리고 육신의 생각과 영의 생각을 분리해서 설명합니다. 그 이유는 우리로 하여금 영의 생각을 따라 살도록 하기 위해서입니다. 바울은 먼저 세상에는 육신을 따르는 자와 영을 따르는 자가 있음을 강조합니다.

> 육신을 따르는 자는 육신의 일을, 영을 따르는 자는 영의 일을 생각하나니 롬 8:5

성경에서 육신은 세 가지 의미로 사용됩니다. 이 단어는 육신, 육, 육체, 그리고 몸이라는 단어로 섞여 사용됩니다. 다만 성경에 쓰인 문맥에 따라 그 의미가 달라집니다.

첫째, 육신은 인류를 의미합니다.

> 모든 육체가 하나님의 구원하심을 보리라 함과 같으니라 눅 3:6

여호와의 영광이 나타나고 모든 육체가 그것을 함께 보리라 이는 여호와
의 입이 말씀하셨느니라 사 40:5

둘째, 육신은 몸을 의미합니다.

말씀이 육신이 되어 우리 가운데 거하시매 우리가 그의 영광을 보니 아버
지의 독생자의 영광이요 은혜와 진리가 충만하더라 요 1:14

그러므로 형제들아 내가 하나님의 모든 자비하심으로 너희를 권하노니
너희 몸을 하나님이 기뻐하시는 거룩한 산 제물로 드리라 이는 너희가 드
릴 영적 예배니라 롬 12:1

셋째, 육신은 타락한 죄의 본성을 의미합니다.

바울이 말하는 육신을 따르는 자는 타락한 죄의 본성을 따르는
자를 의미합니다. 육신의 일은 타락한 죄의 본성을 따라 육신이 맺
는 타락한 열매입니다.

육체의 일은 분명하니 곧 음행과 더러운 것과 호색과 우상 숭배와 주술과
원수 맺는 것과 분쟁과 시기와 분냄과 당 짓는 것과 분열함과 이단과 투
기와 술 취함과 방탕함과 또 그와 같은 것들이라 전에 너희에게 경계한
것같이 경계하노니 이런 일을 하는 자들은 하나님의 나라를 유업으로 받
지 못할 것이요 갈 5:19-21

바울이 로마서 8장에서 말하는 육신을 따른다는 것은 타락한 죄의 본성을 따르는 것입니다. 육신의 생각이란 바로 죄의 본성을 따라 죄를 짓는 악한 생각을 하는 것을 의미합니다. 그러한 생각은 하나님을 기쁘시게 할 수 없습니다. 육신의 생각은 하나님의 원수가 됩니다.

> 육신을 따르는 자는 육신의 일을, 영을 따르는 자는 영의 일을 생각하나니 육신의 생각은 사망이요 영의 생각은 생명과 평안이니라 육신의 생각은 하나님과 원수가 되나니 이는 하나님의 법에 굴복하지 아니할 뿐 아니라 할 수도 없음이라 육신에 있는 자들은 하나님을 기쁘시게 할 수 없느니라 롬 8:5-8

여기서 육신을 따른다는 것은 죄의 본성의 지배를 받는 것이고, 영을 따른다는 것은 성령님의 지배를 받는 것을 의미합니다. 육신의 생각과 영의 생각의 결과는 하늘과 땅, 천국과 지옥만큼 차이가 납니다. 육신의 생각은 사망이고 반면에 영의 생각은 생명과 평안입니다. 육신의 생각은 하나님을 대적하는 생각이고 영의 생각은 하나님을 기쁘시게 하는 생각입니다.

성령님이 우리 안에서 하시는 일은 우리 생각을 예수님께 고정시키는 것입니다. 모든 생각을 예수님께 사로잡아 오게 하는 일입니다. 성령님이 하시는 일은 우리 마음의 생각을 변화시키는 일입니다. 우리 지식을 새롭게 하시는 일입니다. 우리 지성을 연마해 주시는 일입니다.

우리 인생의 문제는 생각의 문제입니다. 하나님이 홍수 심판을 내리시게 된 것도 사람들의 마음의 생각 때문입니다(창 6:5).

예수님은 사람들 마음 안에 있는 악한 생각을 보시고 책망하셨습니다.

> 마음에서 나오는 것은 악한 생각과 살인과 간음과 음란과 도둑질과 거짓 증언과 비방이니 마 15:19

예수님이 오셔서 하시는 일은 마음과 생각을 변화시키는 일입니다. 성령님은 어떻게 우리 생각을 변화시켜 주시는 것일까요? 어떻게 영의 생각을 하도록 도와주시는 것일까요?

첫째, 성령님은 예수님을 생각나게 하심으로 견고한 확신에 이르게 하십니다.

우리의 의심과 의혹은 우리 자신이나 환경을 바라볼 때 생깁니다. 그러므로 우리의 시선이 중요합니다. 성령님은 우리의 시선과 생각의 초점을 예수님께 맞추도록 도와주십니다. 성령님이 하시는 일은 예수님을 증언하는 일입니다.

> 내가 아버지께로부터 너희에게 보낼 보혜사 곧 아버지께로부터 나오시는 진리의 성령이 오실 때에 그가 나를 증언하실 것이요 요 15:26

우리 자신을 바라보며 자신을 성찰하는 것은 좋은 일입니다. 우리는 자신을 성찰하며 죄를 회개해야 합니다. 하지만 지나친 자기 성찰과 분석은 좋지 않습니다. 우리를 우울하게 만들기 때문입니다. 자칫 회의 속에 휘말릴 수도 있습니다. 우리의 견고한 확신은 우리 자신을 바라볼 때 생기지 않습니다. 우리가 받은 구원과 하나님께 받은 은혜, 또 앞으로 받게 될 모든 은혜는 우리에게서 난 것이 아닙니다. 오직 예수님께로부터 난 것입니다. 그러므로 우리는 거듭 예수님을 바라보고 예수님을 깊이 생각해야 합니다. 그때 우리는 견고한 확신에 이르게 됩니다(히 3:1).

하나님만이 우리의 견고한 피난처이십니다. 우리가 피할 바위이십니다. 안전한 곳은 오직 예수님의 품밖에 없습니다.

주는 나의 피난처시요 원수를 피하는 견고한 망대이심이니이다 시 61:3

하나님은 나의 견고한 요새시며 나를 안전한 곳으로 인도하시며 삼하 22:33

둘째, 성령님은 약속의 말씀을 통해 견고한 확신에 이르게 하십니다.

마귀는 우리의 생각을 어둡게 합니다. 예수님의 약속의 말씀을 망각하게 만듭니다. 또한 하나님의 말씀을 의심하게 만듭니다. 옛 뱀 마귀가 아담과 하와를 찾아와서 한 것이 무엇입니까? 하나님의 말씀을 의심하게 만드는 것이었습니다. 거짓 확신을 심어 주는 것이었습니다. 선악과를 따 먹어도 죽지 않는다는 것이었습니다. 눈이 밝아져 하나님처럼 된다는 것이었습니다. 거짓의 아비인 마귀는 거짓 확신을 심어 주어 인간을 사망에 이르게 합니다. 반면에 예수님은 진리이십니다. 성령님은 진리의 영이십니다.

성령님이 하시는 일은 예수님의 모든 가르침과 약속의 말씀을 생각나게 하시는 것입니다. 하나님은 생각을 아주 소중히 여기시는 분입니다.

> 보혜사 곧 아버지께서 내 이름으로 보내실 성령 그가 너희에게 모든 것을 가르치고 내가 너희에게 말한 모든 것을 생각나게 하리라 요 14:26

바울이 로마서 8장을 기록한 까닭은 예수님의 복음을 상기시키기 위함입니다. 다시 생각나게 만들기 위함입니다. 우리는 거듭 복음으로 돌아가야 합니다. 거듭 복음에 담긴 하나님의 약속으로 돌아가야 합니다. 올바로 생각해야 올바른 확신에 이르게 됩니다. 올바로 생각해야 올바로 성장하게 됩니다. 올바른 지식이 올바로 생각하도록 도와줍니다.

우리는 가능한 한 의심에 빠져 들지 않도록 조심해야 합니다. 존 번연이 쓴 《천로역정》을 보면 크리스천이 소망과 동행하는 중에 잘못해서 의심의 성에 들어갑니다. 의심의 성은 아주 포악한 절망 거인이 소유했습니다. 크리스천과 소망을 감옥에 집어넣고 때리고 위

협하며 죽으라고 말합니다. 절망을 제대로 심어 줍니다. 크리스천
과 소망은 낙심이 되어 차라리 당장 죽어 버리는 것이 낫겠다고 생
각합니다. 그런데 그날 밤 크리스천과 소망이 기도하자 놀라운 깨
달음이 임합니다.

▪ 그날 밤 크리스천과 소망은 기도하기 시작했다. 그들의 기도는 거의
날이 밝을 때까지 계속되었다.

동이 트기 직전, 크리스천은 반쯤 정신이 나간 듯 흥분해서 소리를 질
렀다. "아, 나는 바보 멍청이야! 내가 원하기만 하면 도망칠 수 있는
데, 이렇게 더럽고 냄새나는 지하 감옥에 누워만 있다니. 소망 형제!
내 품속에는 약속이라는 열쇠가 있네. 이 열쇠만 있으면 아마 의심의
성에 있는 모든 자물쇠를 다 열 수 있을 걸세." 그러자 소망이 "정말
이세요? 어서 열쇠를 꺼내 감옥 문을 열어 보도록 하세요." 하고 말
했다.

크리스천은 품속에서 열쇠를 꺼내 감옥 문을 열어 보았다. 열쇠를 넣
어서 돌리자마자 빗장이 쉽게 풀렸다.

/ 존 번연,《천로역정》, 서해문집, 181쪽

크리스천이 의심의 성을 빠져 나오게 한 것이 약속의 열쇠입니
다. 하나님이 우리 모두에게 주신 열쇠가 있습니다. 하나님의 약속
의 말씀입니다. 여기서 중요한 것은 두 사람이 기도한 것입니다. 기
도할 때 성령님은 크리스천에게 약속의 말씀의 열쇠가 있음을 생각

나게 해주셨습니다. 그들이 의심의 성을 나오면서 다른 순례자들을 위해 기둥을 세우고 거기에 다음과 같은 글을 새겨 둡니다.

■ "이 울타리 너머에 있는 길은 의심의 성으로 가는 길이다. 그 성의 주인인 절망 거인은 하늘나라의 왕을 멸시하고, 하나님의 거룩한 순례자들을 죽이려고 혈안이 되어 있다."

/ 존 번연,《천로역정》, 서해문집, 181쪽

존 번연이《천로역정》을 쓸 때 그는 감옥에 갇혀 있었습니다. 감옥에 갇혀 있는 동안 그에게 의심과 회의가 찾아왔습니다. 그는 기질 자체가 우울질이었습니다. 그래서 의심이 들어오면 우울하게 되었고 침체에 빠지게 되었습니다. 하지만 하나님의 은혜로 그가 승리할 수 있었던 것은 약속의 말씀을 붙잡은 까닭입니다. 존 번연의 전기 작가 중의 한 사람인 피터 모든은《존 번연의 순례자 영성》에서 그의 신앙 여정을 다음과 같이 기록하고 있습니다.

■ 존 번연은 회심한 지 얼마 안 되어 하나님의 사랑과 자비에 대한 확신을 잃었다. "40일도 못 되어 모든 게 의심스러워졌다"라고《죄인의 괴수에게 넘치는 은혜》에 썼다. 우선 하나님의 임재와 위로가 전혀 느껴지지 않았다. 마치 홀연히 어둠이 내려와 그를 에워싼 것 같았다.
이런 경험을 흔히 '영혼의 어두운 밤'이라고 칭하는데 많은 신실한 그리스도인이 거기에 부딪쳤다. 어둔 밤을 통과하면 우리 믿음이 굳건

해질 수 있다. 자신의 감정에 의지하기보다 하나님과 그분의 약속의 말씀을 신뢰하는 법을 배우기 때문이다. 믿음이 연단되면서 우리는 더 성숙한 신자가 되고, 상황이 힘들어질 때 더 잘 견딜 수 있다.

/ 피터 모든, 《존 번연의 순례자 영성》, 두란노, 71-72쪽

그가 확신을 잠시 잃었을 때 그에게 도움을 준 것은 약속의 말씀이었습니다.

▪ 마침내 번연은 어렵게나마 조금씩 이 특정한 폭풍에서 헤어날 길을 찾을 수 있었다. 역시 로마서 8장의 본문이 도움이 되었는데 이번에는 31절이었다. "만일 하나님이 우리를 위하시면 누가 우리를 대적하리요." 또한 요한복음 14장 19절에 "내가 살아 있고 너희도 살아 있겠음이라" 하신 예수님의 말씀을 묵상하며 힘을 얻었다.

/ 피터 모든, 《존 번연의 순례자 영성》, 두란노, 73-74쪽

피터 모든이 말하기를 존 번연의 문제 중 하나는 그의 민감한 기질과 함께 예수님보다 자신의 내면을 바라보고 분석하는 것이라고 했습니다.

▪ 많은 요인이 맞물려 존 번연의 오랜 절망을 야기했다. 그의 민감한 기질도 분명히 그중 하나였고, 그 바람에 심한 우울 증세가 도지곤 했다. 아울러 그는 영적 공격을 받고 있었다. 하지만 그는 확신과 그 확신을

얻는 방법에 대한 관점이 잘못되어 있었다. 그래서 예수님을 바라보기보다(히 12:3 참조), 자기 내면을 바라보며 자기 분석에 많이 빠졌다.

/ 피터 모든, 《존 번연의 순례자 영성》, 두란노, 85쪽

저는 존 번연이 겪었던 절망을 잘 이해할 수 있습니다. 저의 민감한 기질 때문에 예수님을 바라보기보다 저 자신의 내면을 바라보며 자기 성찰과 분석에 빠질 때가 많았기 때문입니다. 하나님의 은혜로, 지나친 자기 성찰은 위험한 것이며 예수님을 바라보는 것이 견고한 확신에 이르는 것임을 깨닫게 되었습니다. 존 번연이 확신의 문제로 씨름하는 중에 하나님의 은혜가 그와 함께했습니다.

■ 존 번연이 하나님을 놓지 않은 것보다 더 중요한 사실은 하나님이 그를 놓지 않으셨다는 것이다. 물론 때로 그는 그분의 임재를 느끼지 못해 괴로워했다. 하지만 하나님은 결코 그분의 자녀를 놓지 않으신다. 결국 번연도 자신이 예수님의 사랑 안에 안전하다는 걸 깨달았다.

/ 피터 모든, 《존 번연의 순례자 영성》, 두란노, 86쪽

하나님은 선택한 자기 백성을 결코 떠나지 않으십니다. 포기하지 않으십니다. 하나님이 존 번연을 놓지 않으신 것처럼 우리를 놓지 않으십니다. 하나님은 그의 비참한 경험을 통해 더욱 놀라운 일을 이루셨습니다. 그는 더욱 확신에 이르게 되었습니다. 그를 도왔던 말씀이 로마서 8장입니다.

앞서 봤듯이 번연은 로마서 8장의 여러 구절에서 도움을 받았는데, 이 위대한 장에 이와 같은 구절이 또 있다. "하나님을 사랑하는 자 곧 그의 뜻대로 부르심을 입은 자들에게는 모든 것이 합력하여 선을 이루느니라"라고 한 28절의 약속이다. 번연은 확신의 문제로 씨름하다가 하나님의 은혜 덕분에 신앙이 더 깊어졌다.

/ 피터 모든, 《존 번연의 순례자 영성》, 두란노, 86-87쪽

혹시 예수님을 믿으면서도 의심과 의혹 때문에 괴로워한다면 낙심하지 마십시오. 존 번연도 그런 경험을 했습니다. 그는 하나님의 약속의 말씀으로 승리했습니다. 하나님의 은혜로 승리했습니다. 그의 승리는 《천로역정》이라는 작품으로 열매를 맺었습니다. 성경 다음으로 많이 읽힌 책이 《천로역정》입니다. 하나님은 모든 것을 합력하여 선을 이루십니다. 피터 모든은 존 번연의 삶의 결론을 로마서 8장 28절을 통해 맺고 있습니다.

게다가 존 번연 자신의 신앙만 굳건해진 게 아니다. 이제 그는 아파하는 사람들에게 새삼 공감하게 되었고, 자신이 고전한 덕분에 영적 삶에 대해 통찰과 지혜의 글을 쓰는 능력도 생겼다. 로마서 8장 28절의 진리가 그야말로 삶으로 나타난 것이다. 하나님을 사랑하는 사람들에게는 그분이 '모든 것'을 합력하여 선을 이루신다.

/ 피터 모든, 《존 번연의 순례자 영성》, 두란노, 87쪽

우리는 의심의 성으로 들어가지 않도록 해야 합니다. 약속의 말씀을 붙잡고 계속해서 전진해야 합니다. 하나님을 기쁘시게 하는 것이 믿음입니다. 육신에 있는 자들은 하나님을 기쁘시게 할 수 없습니다. 왜냐하면 그들은 하나님을 믿지 않기 때문입니다. 하나님을 기쁘시게 하는 것은 오직 하나님을 믿는 믿음입니다(히 11:6).

≫ 성령님은 은밀하게, 지속적으로 기름을 부으신다

성령님이 하시는 일은 우리의 연약함을 도우시는 일입니다. 우리의 연약함은 여러 가지로 드러날 수 있습니다. 그중 하나가 의심입니다. 의문과 의혹입니다. 회의입니다. 하지만 성령님의 도우심을 통해 우리는 견고한 확신에 이르게 됩니다.

> 이와 같이 성령도 우리의 연약함을 도우시나니 우리는 마땅히 기도할 바를 알지 못하나 오직 성령이 말할 수 없는 탄식으로 우리를 위하여 친히 간구하시느니라 롬 8:26

고난과 고통이 찾아오면 우리는 연약해집니다. 환난이 찾아오면 연약해집니다. 병에 걸리면 연약해집니다. 성령님은 이러한 우리의 연약함을 도와주십니다. 예수님을 바라보게 하심으로 우리의 연약함을 도와주십니다. 약속의 말씀을 생각나게 하심으로 우리의 연약함을 도와주십니다. 약속의 말씀을 붙잡고 기도할 수 있는 간구의 영을 부어 주심으로 우리를 도와주십니다. 우리 스스로 견고한 확신에 이를 수 없습니다. 하나님의 은혜로 예수님이 지속적으로 도와주시기 때문에 가능합니다.

존 번연의 《천로역정》에서 제가 가장 큰 감동을 받은 부분이 있습니다. 크리스천이 해석자의 집에 이르렀을 때 해석자가 불길이 활활 타오르는 벽난로로 그를 데리고 갑니다. 한 남자가 벽난로 옆에 서서 불을 끄려고 끊임없이 많은 물을 끼얹었습니다. 하지만 불길은 더더욱 뜨겁고 세차게 타오릅니다. 정말 신비로운 광경입니다. 아무리 많은 물을 부어도 불길이 더욱 세차게 타오르는 것입니다. 크리스천은 해석자에게 이것이 의미하는 것이 무엇인지를 물었습니다.

해석자는 크리스천을 벽난로 뒤쪽으로 데리고 갔습니다. 그곳에서 그는 손에 기름통을 든 사람을 보았습니다. 그는 은밀하게, 그러나 끊임없이 계속해서 불에 기름을 붓고 있었습니다. 크리스천이 해석자에게 묻습니다. "이건 또 무엇을 뜻하는 것입니까?"

해석자: "이분은 그리스도이십니다. 마음속에서 일어나고 있는 하나님의 일을 지속시키기 위해 계속해서 은혜의 기름을 붓고 계신 겁니다. 그래서 마귀가 아무리 난리를 쳐도 하나님의 백성들은 그 영혼에 언제나 은혜가 넘치는 것입니다(고후 12:9). 그리스도께서 불길을 계속 타오르게 하기 위해, 잘 안 보이는 벽 뒤에 서 계신 것도 보셨지요? 사

람들은 그리스도께서 그런 곳에 계시기 때문에 마귀의 방해에도 불구하고 영혼에 은혜가 넘친다는 것을 잘 깨닫지 못하고 있지요."

/ 존 번연, 《천로역정》, 서해문집, 59-60쪽

예수님은 우리를 위해 은밀히 기도하시면서 은혜의 기름을 부어 주십니다. 은혜의 기름은 성령님의 기름 부으심을 의미합니다. 하나님의 그 약속의 말씀에 견고히 서십시오. 성령님은 우리 안에 거하십니다. 성령님은 약속의 말씀을 생각나게 하심으로 견고한 확신에 이르게 하십니다. 예수님은 은혜의 기름, 성령님의 기름을 계속해서 부어 주심으로 우리가 육신을 따라 살지 않고 영을 따라 살게 하십니다. 의롭다 하심을 받은 우리가 성화의 단계를 거쳐 영화에 이르게 하십니다. 견고하며 흔들리지 마십시오. 자신이나 환경 말고 예수님을 바라보십시오. 예수님을 깊이 생각하십시오. 견고한 확신 속에 하나님의 은혜를 누리십시오. 평강과 화평을 누리십시오. 하나님은 우리의 영원한 피난처이십니다. 견고한 요새이십니다.

> 육신의 생각은 사망이요 영의 생각은 생명과 평안입니다. 우리 속에 하나님의 영이 거하시면 우리가 육신에 있지 아니하고 영에 있습니다.

3장 자녀 됨의 확신과 기도

강력하고 영원한 하나님의 사랑의 끈

로마서 8:12-16

≫ 작고 약한 믿음도 소중히 여기신다

하나님은 우리의 작은 믿음을 고귀하게 여기십니다. 약한 믿음을 소중하게 여기십니다. 우리의 믿음이 작고 약해도 하나님은 그 믿음을 통해 역사하십니다. 우리의 믿음의 핵심은 예수님을 그리스도라고 믿는 것입니다. 예수님이 우리를 위해 십자가와 부활을 통해 이루신 일을 믿는 것입니다. 예수님이 부활하시고 승천하신 후에 성령님을 우리에게 보내 주신 것을 믿는 것입니다. 이 사실을 알고 믿는 것은 아주 소중합니다.

문제는 우리가 이 사실을 망각하거나 때로는 의심을 품을 때가 있다는 것입니다. 주로 환경이 어려울 때입니다. 흔들리는 환경 속에 들어가면 우리 믿음도 잠시 흔들리게 됩니다. 바울은 우리가 어려운 환경에서 흔들릴 수 있다는 것을 압니다.

흔들리는 것 때문에 너무 낙심하지 마십시오. 그런 과정을 통해 우리의 믿음은 점점 성장하고 견고하게 됩니다. 우리의 작은 믿음을 소중히 여기는 마음이 중요합니다. 불꽃은 작아도 늘 타고 있다는 것이 중요합니다. 사무엘 볼턴의 말에 귀를 기울여 보십시오.

- "연약한 믿음이나마 가지고 있다면 낙심할 필요가 없다. 가장 작은 믿음이라도 가장 큰 믿음과 마찬가지로 구원을 얻게 하는 진짜 믿음이다.

자그마한 불꽃도 진짜 불이다. 한 방울의 물도 대양 속의 물처럼 진짜 물이다. 가장 큰 가지만이 아니라 가장 작은 싹도 뿌리로부터 수액을 빨아들인다.

가장 강한 믿음과 마찬가지로 가장 연약한 믿음도 당신을 그리스도께 접목시키고 그리스도께로부터 생명을 얻는다. 가장 강한 믿음만이 아니라 가장 약한 믿음도 그리스도의 보혈의 공효를 받아 누리게 한다. 가장 작은 믿음으로도 그리스도의 신부가 될 수 있다. 가장 작은 믿음을 가졌든지 가장 큰 믿음을 가졌든지 하나님의 사랑을 얻는 데에는 차별이 없다. 우리는 그리스도 안에서 사랑을 입은 자들이며, 가장 작은 믿음으로도 그리스도의 가족의 일원이 될 수 있다. 믿음이 가장 큰 사람에게든 가장 작은 사람에게든 하나님의 약속은 동일하게 적용된

다. 그러므로 믿음이 연약하다고 해서 낙심하지 말자." -사무엘 볼턴

/J. C. 라일, 《구원의 확신》, 생명의말씀사, 63쪽 재인용

하나님은 우리의 연약한 믿음을 소중히 여기십니다. 하지만 연약한 마음이 점점 강해지기 원하십니다. 견고해지기 원하십니다. 우리의 작은 믿음의 불꽃이 점점 밝고 강렬하게 타오르기를 원하십니다. 하나님이 성령님을 우리 안에 보내 주신 이유가 여기에 있습니다. 하나님은 성령님의 도움을 통해 우리의 믿음이 점점 견고해지기 원하십니다. 성령님은 로마서 8장 12-16절의 말씀 안에서 세 가지 견고한 확신을 갖도록 도와주십니다.

우리는 하나님의 은혜에 매여 있다

예수님을 믿는 순간 우리는 예수님 안에 거하게 되었습니다. 또한 우리 안에 성령님이 들어오셨습니다. 로마서 8장 1-11절을 통해 하나님이 우리 안에 성령님을 보내 주신 것을 알게 되었습니다. 성령님이 들어오심으로 우리는 영의 사람이 되었습니다. 영의 생각을 하게 되었습니다. 성령님은 예수님을 죽은 자 가운데서 다시 살리신 영이십니다. 그 성령님이 우리 안에 거하고 계십니다. 이 모든 것은 하나님의 은혜로 된 것입니다. 하나님의 풍성한 은혜, 한량없는 은혜로 된 것입니다.

우리가 구원을 받은 것도 하나님의 은혜로 받은 것입니다. 우리가 죄 사함을 받은 것도 하나님의 은혜로 된 것입니다. 우리가 죄와 사망의 법에서 해방된 것도 하나님의 은혜로 된 것입니다. 이제 우리가 생명의 성령의 법 아래 살게 된 것도 하나님의 은혜로 된 것입니다. 우리는 하나님의 은혜에 빚진 자들입니다. 바울은 이 점을 강조하고 있습니다.

> 그러므로 형제들아 우리가 빚진 자로되 육신에게 져서 육신대로 살 것이 아니니라 롬 8:12

바울은 우리가 빚진 자라고 말합니다. 우리가 누구에게 빚을 졌을까요? 우리가 누구에게 빚을 지면 그 대상에게 매이게 됩니다. 우리가 누구에게 어떤 것을 빚지면 그 빚진 일에 대해 매이게 됩니다. 그것이 돈일 수도 있습니다. 때로는 우리가 아주 힘들었을 때 도움을 줄 수 있는 사람을 소개받은 일일 수도 있습니다. 어떤 직장에 들어가는 일에 도움을 받을 수도 있습니다. 내 힘으로는 도저히 불가능한 일을 할 수 있도록 도움을 받을 수 있습니다. 그때 우리는 그 사람이나 그 일에 대해 빚을 지고 어느 정도 매이게 됩니다. 그것이 사랑이라면 그 사랑에 매이게 됩니다.

바울은 여기서 분명히 밝힙니다. 우리가 육신에게 빚진 자가 아니라는 것입니다. 그런 까닭에 육신에게 져서 육신대로 살아서는 안 된다는 것입니다. 그렇게 살 필요가 없다는 것입니다. 육신이라는 것은 우리 몸, 즉 육체를 의미하기보다는 우리 육신 안의 본능입니다. 죄는 육신의 본능을 따라 욕심을 품게 하고 죄를 짓게 만듭니다. 육신의 본능이 우리에게 해준 것이 없습니다. 우리가 예수님을 믿기 전에는 육신의 본능을 따라 살았습니다. 육체의 욕심을 따라 살았습니다. 그 결과는 죄를 짓는 것입니다. 죄를 지은 인간은 두려움 속에 살게 됩니다.

이전에 육신을 따라 살 때는 육신에게 빚진 자처럼 살았습니다. 죗값을 지불해야 하기 때문에 죄에 빚진 자처럼 살았습니다. 하지만 예수님이 우리를 대신해서 모든 죗값을 지불하셨습니다. 그런 까닭에 우리는 육신에게나 죄에게 더 이상 빚진 자가 아닙니다. 죗값이나 빚은 한 번 갚으면 다시 갚을 필요가 없습니다. 죄에 대한 형벌은 한 번으로 끝납니다. 이미 죗값을 지불한 죄를 다시 심판할 수는 없습니다.

바울은 우리가 육신에게 빚진 자가 아니기 때문에 육신에 매여 육신의 종노릇을 할 필요가 없다는 사실을 강조합니다. 우리는 하나님의 은혜에 빚진 자들입니다. 우리는 하나님과 원수된 것처럼 살았습니다. 하나님을 떠났고 하나님을 거역했습니다. 육체의 본능을 따라 살면서 죄악을 행했습니다. 그런데 하나님이 그 크신 사랑과 은혜로 우리를 구원해 주신 것입니다. 하나님이 찾아오셔서 우리를 흑암의 권세에서 건져 내어 하나님의 아들의 나라로 옮겨 주신 것입니다(골 1:13).

우리는 이토록 소중한 은혜를 받았습니다. 바울은 바로 이 사실을 상기시키고 있습니다. 우리는 은혜로 구원을 받았고, 은혜 아래 살게 되었습니다.

> 우리는 그리스도 안에서 그의 은혜의 풍성함을 따라 그의 피로 말미암아 속량 곧 죄 사함을 받았느니라 엡 1:7

그리스도 안에 있는 우리는 이제 죄 아래 사는 것이 아닙니다. 육신 아래 사는 것도 아닙니다. 율법 아래 사는 것도 아니고 오직 은혜 아래 살게 된 것입니다.

> 죄가 너희를 주장하지 못하리니 이는 너희가 법 아래에 있지 아니하고 은혜 아래에 있음이라 롬 6:14

우리는 죄에 빚진 자가 아닙니다. 오히려 죄가 우리를 못살게 굴었습니다. 죄는 우리에게 도움을 준 것이 없습니다. 우리는 육신에게 빚진 자가 아닙니다. 도대체 육신이 우리에게 도움을 준 것이 무엇입니까? 이제 우리는 이전 생활로 돌아갈 필요가 없습니다. 바울은 육신대로 살지 말고 성령님을 통해 몸의 행실을 죽이라고 권면합니다.

> 너희가 육신대로 살면 반드시 죽을 것이로되 영으로써 몸의 행실을 죽이면 살리니 롬 8:13

이 말씀이 한번에 이해되지 않을 것입니다. 그래서 하나하나 들여다보며 의미를 곱씹어야 합니다. 우선, 육신대로 살면 반드시 죽을 것이라고 말씀합니다. 우리가 예수님을 만나지 않고 육신의 정욕을 따라 계속 살았다면 그 결과는 죽음입니다. 그 사실을 바울이 상기시켜 주고 있습니다. 그런데 우리는 육신의 영역에서 나와 성령의 영역으로 옮겨 왔습니다. 죄와 사망의 권세에서 건짐을 받아 생명의 성령의 권세 아래로 옮겨 왔습니다. 그렇다면 우리는 다시 이전의 삶으로 돌아갈 필요가 없습니다.

애굽에서 나온 이스라엘 백성들 가운데 이전 생활로 돌아가길 원하는 사람들이 있었습니다. 그들은 바로의 권세, 즉 흑암의 권세 아래 있었던 사람입니다. 그런데 오직 하나님의 은혜와 능력으로 그들은 흑암의 권세에서 건짐을 받았습니다. 이제 가나안 땅을 향해 가고 있습니다. 가나안 땅은 약속의 땅입니다. 하나님의 임재가 있는 땅입니다. 흑암의 권세가 아니라 하나님의 권세 아래 있는 땅입니다. 그런데 애굽으로 돌아가기를 원하는 사람들은 안타깝게도 애굽으로 돌아가지 못했고 광야에서 죽었습니다. 왜냐하면 광야에서 살면서 바로의 노예처럼 살기를 자처한 까닭입니다.

바울은 우리가 이제 흑암의 권세에서 나와 하나님의 은혜에 이미 들어갔다고 말합니다. 앞으로 들어갈 것이 아니라 이미 들어갔다는 것입니다. 그 은혜 안에서, 그 은혜 아래서, 그 은혜에 매여 살라는 것입니다.

또한 그로 말미암아 우리가 믿음으로 서 있는 이 은혜에 들어감을 얻었으
며 하나님의 영광을 바라고 즐거워하느니라 롬 5:2

우리는 아무에게나 빚을 지면 안 됩니다. 악한 사채업자에게 빚
을 지면 그 사람의 노예가 됩니다. 그 사람에게 매여 삽니다. 신체
포기각서까지 쓰고 그가 시키는 대로 하게 됩니다. 우리는 그런 악
한 사채업자에게 빚을 지지 않았습니다. 우리는 하나님의 은혜에
빚진 자가 되었습니다. 하나님의 사랑에 빚진 자가 되었습니다. 하
나님의 자비에 빚진 자가 되었습니다. 그런 까닭에 두려워할 것이
없습니다. 이제 우리가 해야 할 것은 성령님의 인도를 따라 살아가
는 것입니다. 성령님의 도우심을 받아 아직도 우리 속에 역사하려
고 하는 죄를 죽이는 것입니다.

우리가 은혜 아래 살고 있지만 육신을 입고 있는 동안에는 우리
안에 육신의 본능이 있어 그 본능과 싸워야 합니다. 육신의 욕망이
모두 나쁜 것은 아닙니다. 하지만 그 욕망이 죄로 인해 절제되지 않
을 때 욕심이 되고, 그 욕심이 탐심이 되며 그 탐심이 탐욕이 되어
죄를 짓게 됩니다. 식욕은 좋은 것입니다. 그런데 과도한 식욕에 끌
려 먹기를 탐하고, 먹는 것에만 집착하여 과식하게 되면 그 먹는 것
에 유혹되어 죄를 짓게 됩니다. 과식은 과음을 낳게 됩니다. 이는
식욕뿐만 아니라 성욕과 성취욕도 마찬가지입니다. 건강한 성욕은
좋은 것입니다. 결혼한 남편과 아내 사이에서 성적 욕망을 갖는 것
은 건전한 것입니다. 그런데 선을 넘어 탈선하게 되면, 죄를 짓고

그 죄에 끌려 다니게 됩니다.

바울은 이제 우리에게 그 죄를 죽이라고 말합니다. 육체를 쳐 복종시키라고 말합니다. 그래야만 은혜 안에서 풍성한 생명과 축복을 누릴 수 있기 때문입니다. 우리의 할 일은 죄를 죽이고, 욕심을 절제하는 것입니다.

너희가…영으로써 몸의 행실을 죽이면 살리니 롬 8:13

여기서 중요한 것은 우리가 몸의 나쁜 행실을 죽여야 한다는 것입니다. 이것은 하나님이 대신해 주시지 않습니다. 하지만 하나님은 우리를 위해 성령님을 보내 주셨습니다. 성령님은 우리가 몸의 나쁜 행실을 죽일 때 도와주시는 분입니다. 우리는 혼자가 아닌, 성령님과 더불어 몸의 행실을 죽일 수 있습니다.

어릴 적 자전거를 배울 때를 떠올려 보십시오. 아버지가 새 자전거를 사주십니다. 그리고 자전거를 처음 타는 아이에게 자전거 타는 법을 가르쳐 줍니다. 아이가 넘어질까 봐 뒤에서 자전거를 붙잡아 줍니다. 넘어지면 격려하면서 계속 자전거 타는 법을 익히도록 도와줍니다. 그러는 중에 아이는 어느새 자전거를 혼자서도 잘 타게 됩니다. 이것이 바로 성령님이 우리가 몸의 행실을 죽이는 것을 도와주시는 방법입니다.

자전거를 사 주신 분은 아버지입니다. 자전거를 잘 타도록 도와주신 분도 아버지이십니다. 그런데 자전거는 우리가 타야 합니다.

아버지는 아들에게 또는 딸에게 "자전거를 이제 제법 잘 타는구나." 라고 칭찬해 줍니다. 더욱 잘 타도록 도와줍니다. 하지만 아버지는 자녀가 자전거 타는 것을 가까이서 때로는 멀리서 지켜봅니다. 그리고 넘어지면 빨리 다가가서 다시 일으켜 세워 줍니다.

여기서 우리 자신이 훌륭하다는 착각을 해서는 안 됩니다. 우리의 배후에 우리를 붙잡아 주시는 분이 계십니다. 아버지이십니다. 바울의 요지는 이것입니다. 우리가 잘하는 것이 아니라 우리가 잘할 수 있도록 도와주시는 성령님이 계시다는 것입니다. 그분의 도우심으로 우리가 영적 전쟁에서 싸울 수 있는 것입니다. 그리고 육신의 정욕과의 싸움에서 승리할 수 있는 것입니다. 바울은 영으로써 몸의 행실을 죽이라고 말합니다. 우리 스스로의 힘이 아니라 성령님의 도움을 받아서 그리하는 것입니다.

우리는 이제 그리스도에게 매여 있습니다. 그리스도의 은혜에 매여 있습니다. 그리스도의 사랑에 매여 있습니다. 죄에 매여 있는 것이 아닙니다. 사망에 매여 있는 것이 아닙니다. 하나님은 우리를 예수님을 통해 죄와 사망과 마귀에게서 풀어 놓으셨습니다. 그리고 우리를 예수님의 사랑에 매여 놓으셨습니다. 이제 어느 누구도, 어떤 것도 우리를 하나님의 사랑에서 끊을 수가 없습니다.

누가 우리를 그리스도의 사랑에서 끊으리요 환난이나 곤고나 박해나 기근이나 적신이나 위험이나 칼이랴 롬 8:35

우리는 안전합니다. 우리의 힘 때문이 아닙니다. 하나님의 은혜 때문입니다. 하나님의 사랑 때문입니다. 하나님의 사랑의 끈은 어떤 것으로도 끊을 수가 없습니다. 가장 강력하고, 가장 영구적이며, 가장 영원합니다.

성령님은 우리를 가장 좋은 길로 인도하신다

우리가 예수님을 믿기 전에는 욕심을 따라 살았습니다. 인간의 본능을 따라 살았습니다. 죄의 이끌림을 받았습니다. 마귀의 종이 되어 마귀의 자녀처럼 살았습니다. 그 결과는 비참했습니다. 죄는 죄를 낳습니다. 작은 죄는 더욱 큰 죄를 낳습니다. 작은 쾌락은 더욱 강렬한 쾌락 속으로 들어가게 만듭니다. 불 속으로 뛰어들어 스스로를 불태워 버리는 불나방처럼 살았던 것입니다. 그런 생활은 부끄럽고 추했습니다. 불안과 공포와 두려움과 수치심 속에 살게 만들었습니다. 은밀한 죄가 드러날 것 같은 불안 속에 살았습니다.

우리는 죄가 얼마나 무섭게 인간을 파멸로 몰아가는지를 압니다. 하지만 그것을 철저하게 인식하지 못하게 만드는 것이 사탄의 유혹입니다. 사탄은 죄를 달콤하게 만들고 신비로운 체험인 것처럼 유혹합니다. 그것이 아담과 하와가 빠져들었던 함정입니다. 그다음에는 감옥과 지옥으로 데리고 갑니다. 하나님은 이와 같은 인간의 곤궁을 아셨습니다. 그래서 예수님을 보내신 것입니다. 하나님은 예수님의 십자가와 부활을 통해 우리를 죄와 사망과 마귀의 손에서 건져내셨습니다. 또한 우리에게 성령님을 보내셔서 성령님의 인도를 받도록 도와주십니다.

> 무릇 하나님의 영으로 인도함을 받는 사람은 곧 하나님의 아들이라
> 롬 8:14

우리는 예수님을 믿는 순간 하나님의 자녀가 되었습니다. 하나님의 자녀가 되었다는 것은 하나님 아버지께서 우리의 아버지가 되셨다는 것을 의미합니다. 하나님 아버지는 좋은 아버지이십니다. 좋은 아버지의 특징이 무엇일까요? 자녀를 그냥 방치해 두지 않는 것입니다. 자녀를 사랑과 훈계로 양육합니다. 또한 자녀를 위해 계획을 세웁니다. 자녀를 최상의 길로 인도합니다. 성경을 보면 하나님은 항상 자기 백성을 인도하길 원하십니다. 가장 좋은 길로 인도하길 원하십니다. 우리의 유익을 위해 인도하길 원하십니다. 하나님의 말씀에 귀를 기울여 보십시오.

하나님은 선한 목자처럼 인도해 주신다

> 그가 나를 푸른 풀밭에 누이시며 쉴 만한 물가로 인도하시는도다 내 영혼을 소생시키시고 자기 이름을 위하여 의의 길로 인도하시는도다 시 23:2-3

하나님은 항상 인도해 주신다

여호와가 너를 항상 인도하여 메마른 곳에서도 네 영혼을 만족하게 하며 네 뼈를 견고하게 하리니 너는 물 댄 동산 같겠고 물이 끊어지지 아니하는 샘 같을 것이라 사 58:11

하나님은 마땅히 행할 길로 인도해 주신다

너희의 구속자시요 이스라엘의 거룩하신 이이신 여호와께서 이르시되 나는 네게 유익하도록 가르치고 너를 마땅히 행할 길로 인도하는 네 하나님 여호와라 사 48:17

하나님은 우리가 가야 할 길을 지도해 주신다

너는 마음을 다하여 여호와를 신뢰하고 네 명철을 의지하지 말라 너는 범사에 그를 인정하라 그리하면 네 길을 지도하시리라 잠 3:5-6

하나님은 장래의 은혜 가운데로 인도해 주신다

이 하나님은 영원히 우리 하나님이시니 그가 우리를 죽을 때까지 인도하시리로다 시 48:14

내가 항상 주와 함께하니 주께서 내 오른손을 붙드셨나이다 주의 교훈으로 나를 인도하시고 후에는 영광으로 나를 영접하시리니 시 73:23-24

우리 인생은 누구의 인도를 받느냐에 따라 결정됩니다. 나쁜 사람의 인도를 받으면 파탄의 길로 들어서지만, 좋은 사람의 인도를 받으면 좋은 길로 들어서게 됩니다. 사탄의 인도를 받으면 파멸에 이르게 되지만, 하나님의 인도를 받으면 풍성한 생명을 누리게 됩니다. 예수님을 믿는 우리는 성령님의 인도를 받는 축복을 누리게 되었습니다. 하나님은 그분의 자녀를 아무에게나 맡길 수 없었습니다. 그래서 성령님을 보내 주셔서 성령님의 인도를 받게 하신 것입니다. 예수님이 이 땅에 오실 때 하나님의 아들이시지만 사람의 몸을 입고 오신 까닭에 성령님의 인도를 받으셨습니다.

하나님 아버지는 독생자 예수님이 성령님의 인도를 받으신 것처럼 예수님을 통해 하나님의 자녀가 된 우리도 성령님의 인도를 받기를 원하십니다. 성령님이 인도하시는 길은 정로(正路)입니다. 가장 좋은 길이며 최상의 길입니다.

그러나 진리의 성령이 오시면 그가 너희를 모든 진리 가운데로 인도하시리니 그가 스스로 말하지 않고 오직 들은 것을 말하며 장래 일을 너희에게 알리시리라 요 16:13

성령님은 우리를 모든 진리 가운데로 인도하십니다. 곧 예수님의 말씀 가운데로 인도하십니다. 예수님의 말씀을 생각나게 하심으로 우리를 인도하십니다. 성령님은 스스로 인도하시는 것이 아니라 말씀과 더불어 인도하십니다. 그 이유는 성경이 성령님의 감동으로 쓰인 하나님의 말씀인 까닭입니다. 성령님의 인도를 받는 것은 하나님의 자녀가 누리는 최상의 축복입니다. 그리고 가장 안전한 길입니다.

성령님은 종에서 자녀가 된 것을 확신시켜 주신다

이제 우리는 로마서 8장 가운데 가장 보석 같은 말씀에 이르게 되었습니다. 성경 가운데 로마서 8장이 보배와 같다면 로마서 8장 가운데 15절의 말씀은 보석 중의 보석입니다. 왜냐하면 복음의 진수를 담고 있기 때문입니다.

> 너희는 다시 무서워하는 종의 영을 받지 아니하고 양자의 영을 받았으므로 우리가 아빠 아버지라고 부르짖느니라 롬 8:15

바울은 우리가 다시 무서워하는 종의 영을 받지 아니함을 먼저 강조합니다.

> 너희는 다시 무서워하는 종의 영을 받지 아니하고 롬 8:15상

이 말씀은 우리가 한때는 무서워하는 종의 영을 받았음을 밝히고 있습니다. 무서워하는 종의 영은 우리가 종이 되게 하는 영입니다. 우리가 종임을 깨우쳐 주는 영입니다. 이것은 율법입니다. 율법은

우리가 종이라는 사실을 깨우쳐 줍니다. 구약은 하나님의 백성이 하나님의 종임을 강조합니다. 구약의 성도들은 무서움 가운데 살았습니다. 모세가 시내산에서 하나님의 말씀을 받을 때 이스라엘 민족은 두려워 떨었습니다.

율법은 죄를 깨닫게 합니다. 죄를 드러냅니다. 죄를 드러낸다는 것은 두려운 일입니다. 그런 까닭에 죄의 종이 됩니다. 죄의 노예가 되어 살아갑니다. 또한 율법은 우리 신분이 종이라는 사실을 알려 줍니다. 하나님이 무서워하는 종의 영을 따라 두려움 속에 살아가는 우리를 불쌍히 여기시서 예수님을 보내 주셨습니다. 율법 아래 있는 우리를 건져 내사 은혜 아래로 옮겨 주셨습니다. 또한 양자의 영을 받게 하심으로 우리가 하나님의 자녀가 되게 하셨습니다. 하나님의 자녀가 된 까닭에 하나님을 아빠 아버지라고 부르게 된 것입니다(롬 8:15하).

바울은 이전의 무서워하는 종의 삶으로 돌아가지 말라고 거듭 부탁합니다. 그럴 필요가 없으며 그럴 수도 없다는 것입니다. 그 이유는 우리가 더 이상 종이 아니며 하나님의 자녀가 되었기 때문입니다. 바울은 갈라디아서에서 우리가 아들이기 때문에 아들의 영을 우리 마음에 보내셨다고 말합니다.

너희가 아들이므로 하나님이 그 아들의 영을 우리 마음 가운데 보내사 아빠 아버지라 부르게 하셨느니라 갈 4:6

우리가 자녀이므로 자녀의 영을 보내 주셔서 하나님을 아빠 아버지라고 부르게 된 것입니다. 이 말씀을 잘 이해하기 위해서는 "아들" 또는 "아들의 영"이라는 뜻을 잘 파악해야 합니다. 바울은 로마서에서 "아들"이라는 말을 자주 사용합니다. 여기서의 "아들"은 '양자'라는 의미를 담고 있습니다.

> "'양자'란 헬라어로 '휘오데시아'(huiothesia)입니다. 이 뜻은 '아들로 받아들임'을 의미합니다. 본래 자녀가 아닌 사람을 자녀로 받아들이는 것입니다."

바울은 로마서 8장 15절에서 사용한 "양자"라는 헬라어를 에베소서 1장 5절에서도 사용하고 있습니다.

> 그 기쁘신 뜻대로 우리를 예정하사 예수 그리스도로 말미암아 자기의 아들들이 되게 하셨으니 엡 1:5

우리가 하나님의 아들들, 즉 하나님의 자녀로 입양된 것은 정말 놀라운 일입니다. 이 놀라운 은혜는 우리가 거저 받은 은혜입니다 (엡 1:6). 바울이 여기서 강조하고 싶은 것은 자녀 됨의 특권입니다. 양자가 누릴 수 있는 특권입니다. 로마 사람들에게 있어 누군가를 양자로 삼는 일은 아주 중요한 일이었습니다. 자녀가 없는 로마인들은 자신의 상속자로 누군가를 선택해서 입양할 수 있었습니다.

또는 자녀가 있다 해도 상속자로서의 자격이 없다고 생각되면 입양을 해서 그를 아들과 상속자로 삼을 수 있었습니다.

로마 사람이 누군가를 입양할 때 가장 먼저 한 일은 자신이 입양하려는 대상의 모든 법적 문제를 해결해 주는 것입니다. 어떤 빚을 졌다면 그 모든 빚을 대신 갚아 주는 것입니다. 이 일은 우리가 예수님을 믿고 하나님의 자녀가 되었을 때 하나님이 우리 대신 해주신 일입니다. 예수님을 통해 우리의 죗값을 모두 지불해 주신 것입니다.

이 과정을 마치면 입양되는 대상은 새 이름을 받게 됩니다. 즉, 입양하려는 아버지의 이름을 따라 새 이름을 받는 것입니다. 그리함으로 새아버지의 상속자가 되는 것입니다. 모든 재산을, 모든 유업을 상속받는 것입니다. 우리도 마찬가지입니다. 우리가 하나님의 자녀가 되는 순간, 예수님과 더불어 상속자가 됩니다.

> 자녀이면 또한 상속자 곧 하나님의 상속자요 그리스도와 함께한 상속자니 롬 8:17상

입양을 하게 되면 아버지는 입양하는 아들에 대한 모든 법적 책임을 곧바로 감당하게 됩니다. 입양한 아들이 무슨 잘못을 하면 그 법적 책임은 새아버지가 대신 담당해 줍니다. 이것은 입양한 아들이 누리는 무한한 은혜입니다. 상상을 초월한 은혜입니다. 동시에 입양한 아들에게 한 가지 의무가 주어집니다. 그것은 새아버지를

공경하고 기쁘게 해드리는 것입니다. 은혜의 빚진 자가 되었으면 은혜를 베풀어 주신 새아버지를 공경하고 기쁘게 해드리는 것은 당연한 일입니다.

보통 로마 사람들이 입양할 때는 자기 집에서 종으로, 노예로 일하는 사람 가운데 선택을 했다고 합니다. 일평생 종살이하는 노예의 자녀를 입양할 수 있었습니다. 이것은 굉장한 은혜입니다.

그렇다면 양자로 선택받았을 때 구체적으로 누릴 수 있는 은혜는 무엇일까요? 어떤 은혜가 주어졌다면 그 은혜에는 반드시 혜택이 있습니다. 그것을 은택이라고도 말합니다.

하나님의 자녀가 누리는 은혜

첫째, 하나님 아버지와 친밀한 관계 속으로 들어가게 됩니다.

> 우리가 아빠 아버지라고 부르짖느니라 롬 8:15하

구약의 성도들은 하나님을 "주님"이라고 불렀습니다. "주님"이라고 부르는 그들은 종의 신분이었던 것입니다. 물론 하나님은 구약의 성도들을 하나님의 자녀로 삼으셨습니다. 이스라엘을 "나의 장자"라고 부르셨습니다. 하지만 그들은 여전히 율법 아래 살았습니다. 그래서 하나님을 "아버지"라고 부르지 못했습니다. 하나님을 친밀한 대상으로 부르지 못한 것입니다.

여기서 "아빠"라는 단어는 다소 충격적인 표현입니다. 아주아주 친근한 사이에서 부를 수 있는 표현입니다. 어린아이가 아버지를 향해 부르는 표현입니다. 예수님이 하나님을 부를 때 사용하신 표현이기도 합니다.

> 이르시되 아빠 아버지여 아버지께는 모든 것이 가능하오니 이 잔을 내게서 옮기시옵소서 그러나 나의 원대로 마시옵고 아버지의 원대로 하옵소서 하시고 막 14:36

"아빠"는 헬라어 "아바"(abba)로 기록되어 있습니다. 이 말은 아람어 "아브"(ab)에서 나왔습니다. 아버지에 대한 친밀한 표현입니다. 하나님을 향해 이토록 친밀한 표현을 하신 분이 예수님입니다. 그러한 예수님이 우리에게 아들의 영을 보내 주셔서 하나님 아버지를 예수님과 똑같이 "아빠 아버지"라고 부를 수 있게 하신 것입니다. 이것은 놀라운 축복입니다.

둘째, 하나님 아버지께 언제든지 담대히 나아갈 수 있습니다.

> 우리가 그 안에서 그를 믿음으로 말미암아 담대함과 확신을 가지고 하나님께 나아감을 얻느니라 엡 3:12

우리가 무서워하는 종의 영을 가졌을 때는 하나님 아버지께 담대함과 확신을 가지고 나아갈 수 없었습니다. 하지만 이제 하나님의 자녀가 되었으므로 하나님 아버지께 담대함과 확신을 가지고 언제든지 나아갈 수 있습니다. 이 말씀은 법적 지위를 얻었다는 것을 의미합니다. 즉, 자녀의 권세를 얻었다는 것을 의미합니다.

셋째, 하나님의 자녀는 아버지의 집에 영원히 거하게 됩니다.

예수님이 종 되었던 우리를 하나님의 자녀가 되게 하셨습니다. 종은 주인의 집에 영원히 거하지 못합니다. 하지만 자녀는 아버지의 집에 영원히 거할 수 있습니다.

종은 영원히 집에 거하지 못하되 아들은 영원히 거하나니 요 8:35

탕자가 모든 것을 다 잃어버린 후에 아버지 집에 있는 종들을 생각했습니다. 아버지 집에서 일하는 품꾼의 신세가 자기 신세보다 낫다고 생각했습니다. 그래서 아버지의 집으로 돌아갑니다. 아들이라고 불리는 자격은 없고 품꾼의 하나로 여겨 달라고 부탁하기 위해 아버지의 집으로 돌아갑니다(눅 15:19). 하지만 아들이 돌아왔을 때 아버지는 그를 결코 품꾼으로 여기지 않았습니다. 여전히 자신의 아들로 환영했습니다. 자녀 됨의 권세를 확인시켜 주었습니다. 아들은 방황할 수 있지만, 그를 기다리는 아버지의 집이 있습니다. 아들은 아버지의 집에 영원히 거하게 됩니다. 아버지의 집은 천국입니다.

내 아버지 집에 거할 곳이 많도다 요 14:2상

예수님을 믿음으로 우리는 종의 신분에서 하나님의 자녀의 신분으로 바뀌었습니다. 우리에게는 아버지의 집이 있습니다. 영원히 머물 집이 있습니다.

> 내 평생에 선하심과 인자하심이 반드시 나를 따르리니 내가 여호와의 집에 영원히 살리로다 시 23:6

넷째, 성령님을 통해 우리가 하나님의 자녀 됨을 확증받게 됩니다.

> 성령이 친히 우리의 영과 더불어 우리가 하나님의 자녀인 것을 증언하시나니 롬 8:16

바울은 우리가 하나님의 자녀라는 사실을 증언하고 있습니다. 이제 더 이상 무서워하는 종의 영을 받지 않았다는 사실을 상기시켜 주고 있습니다. 또한 우리 안에 거하시는 성령님이 영과 더불어 우리가 하나님의 자녀라는 것을 증언해 주신다고 말씀합니다. 왜 이 사실을 아는 것이 중요할까요? 그 이유는 우리의 신앙 지식이 부족하거나 그 지식을 알고도 깨닫지 못할 수 있기 때문입니다.

■ "아이가 한 왕국이나 재산의 상속자이면서도 장래의 유산에 대해 아무런 기쁨을 느끼지 못할 수 있다. 아이는 자신의 혈통을 모르거나 자

신의 부동산 권리증서나 아버지의 유언서를 읽지 못할 수도 있다. 혹은 읽을 줄 알아도 그 뜻을 제대로 이해하지 못할 수 있다. … 그러나 그 아이가 무지하다고 해서 그 권리증서의 효력이 사라지는 것은 아니다."-토마스 비덜프

/ J. C. 라일, 《구원의 확신》, 생명의말씀사, 71쪽 재인용

우리가 예수님을 믿은 후에 어떤 혜택이 주어진지 모르고 지낼 수 있습니다. 마치 어떤 부유한 집에 입양된 어린아이가 자신이 얼마나 부유한 집에 입양되었으며, 장차 받을 상속이 얼마나 엄청난 것인지를 모를 수 있는 것과 같습니다. 그 어린아이가 성장하게 되면 점점 자신의 위치와 부요함을 알게 됩니다. 더욱 성장하게 되면 그것을 확신하게 되고, 누리게 됩니다. 더 나아가 자신의 부요함을 다른 사람과 나눌 수 있습니다.

성령님이 하시는 일은 우리 영과 더불어 우리가 하나님의 자녀임을 증언해 주고, 설명해 주며 확인시켜 주는 것입니다. 우리는 더 이상 종이 아니고 노예가 아니며 하나님의 자녀라는 사실을 확인시켜 주는 것입니다. 이것이 성령님의 인치심입니다.

그 안에서 너희도 진리의 말씀 곧 너희의 구원의 복음을 듣고 그 안에서 또한 믿어 약속의 성령으로 인치심을 받았으니 엡 1:13

성령님의 인치심은 우리가 하나님의 소유라는 것을 증거하는 것

입니다. 하나님의 자녀라는 것을 증거하는 것입니다. 하나님께 소속되어 있다는 것을 증거하는 것입니다. 이 증거는 우리를 위해서뿐만 아니라 우리 주위에 있는 사람들을 위해서 그리하시는 것입니다. 예수님은 하나님의 아들이십니다. 그런데도 하나님 아버지의 인치심을 받으셨습니다.

> 인자는 아버지 하나님께서 인치신 자니라 요 6:27하

이 말씀을 하신 것은 예수님 자신뿐만 아니라 예수님의 제자들에게 예수님이 누구신가를 확증시켜 주시기 위함입니다. 또한 예수님을 따르는 제자들이 누구인가를 확증시켜 주는 것입니다. 예수님이 세례 요한에게 세례를 받고 물에서 올라오실 때 하늘에서 하나님의 음성이 들렸습니다.

> …하늘이 열리고 하나님의 성령이 비둘기같이 내려 자기 위에 임하심을 보시더니 하늘로부터 소리가 있어 말씀하시되 이는 내 사랑하는 아들이요 내 기뻐하는 자라 하시니라 마 3:16-17

하나님 아버지는 예수님이 하나님의 아들이심을 두 가지로 확증하고 계십니다. 하나는 성령님이 비둘기같이 임하신 것입니다. 다른 하나는 하나님 아버지께서 친히 "이는 내 사랑하는 아들이요 내 기뻐하는 자라"고 말씀하신 것입니다. 이 사실을 사도 요한은 세례

요한을 통해 증언합니다.

> …나를 보내어 물로 세례를 베풀라 하신 그이가 나에게 말씀하시되 성령
> 이 내려서 누구 위에든지 머무는 것을 보거든 그가 곧 성령으로 세례를
> 베푸는 이인 줄 알라 하셨기에 내가 보고 그가 하나님의 아들이심을 증언
> 하였노라 하니라 요 1:33-34

성령님은 우리 영과 더불어 우리가 하나님의 자녀임을 증언해 주
십니다. 마치 다윗이 세 번에 걸쳐 기름 부으심을 받은 것과 같습
니다. 사무엘이 그에게 기름을 부을 때 성령 충만을 받습니다. 그는
이미 왕이었습니다. 하지만 그가 왕이 되기까지는 오랜 시간이 걸
렸습니다. 사울 왕이 죽고 유다 왕이 되었을 때 그는 다시 기름 부
음을 받습니다. 그렇지만 그는 아직 이스라엘의 전체 왕이 되지 못
했습니다. 사울 왕에 속했던 사람들이 다윗을 찾아와 그들의 왕이
되어 달라고 할 때 그는 명실공히 통일왕국의 왕이 됩니다. 그때 다
윗은 다시 한 번 기름 부음을 받습니다. 이것이 확증하는 과정입
니다.

양자의 영을 받았으므로 우리가 아빠 아버지라고 부르짖느니라 롬 8:15하

하나님의 자녀가 된 우리가 누리는 가장 큰 특권 중의 하나가 기
도입니다. 아버지는 자녀가 부르짖는 기도에 귀를 기울이십니다.
성령님은 우리 안에 간구의 영을 부어 주심으로 하나님께 나아가
간구하도록 도와주십니다.

예수님은 요한복음 15장에서 제자들을 더 이상 종이 아니라 친
구라고 명하십니다(요 15:14-15). 예수님이 제자들을 친구라고 명하
신 것은 예수님과 그들을 똑같은 위치에 두신 것입니다. 똑같은 위
치에 두셨다는 것은 예수님이 하나님의 아들인 것처럼 그들도 이제
하나님의 자녀가 되었다는 것입니다. 예수님의 아버지가 그들의 아
버지가 되었다는 것입니다. 그런 까닭에 그들이 누리게 된 복 중의
하나는 기도의 축복입니다.

너희가 나를 택한 것이 아니요 내가 너희를 택하여 세웠나니 이는 너희로
가서 열매를 맺게 하고 또 너희 열매가 항상 있게 하여 내 이름으로 아버
지께 무엇을 구하든지 다 받게 하려 함이라 요 15:16

하나님은 우리의 작은 믿음과 연약한 믿음도 소중히 여기십니다.
하지만 하나님은 우리의 믿음이 성장하길 원하십니다. 하나님이 복

음을 통해 주신 것들을 알고 누리기를 원하시기 때문입니다. 하나님 아버지의 자녀로 입양된 우리가 받은 자녀 됨의 특권을 알고 누리기를 원하십니다.

우리는 육신에 빚진 자가 아닙니다. 그런 까닭에 육신에 매여 살 필요가 없습니다. 우리는 하나님의 은혜와 긍휼과 자비에 빚진 자입니다. 하나님의 사랑에 빚진 자입니다. 그러므로 우리는 은혜에 매여 살아야 합니다. 하나님은 우리를 하나님의 은혜로 매어 놓으셨습니다. 사랑의 끈으로 매어 놓으셨습니다.

우리가 하나님을 선택한 것이 아닙니다. 하나님이 우리를 선택해 주셨습니다. 하나님이 우리를 흑암의 권세에서 건져 내어 주셨습니다. 우리를 하나님의 자녀로 삼으셨습니다. 자녀가 누리는 모든 특권을 누리게 하셨습니다. 우리의 할 일은 우리가 빚진 분을 사랑하는 것입니다. 그분은 하나님이십니다. 우리는 하나님을 사랑하고 공경하고 기쁘게 해야 합니다. 그 일도 우리 힘만으로 하는 것이 아닙니다. 우리 안에 거하시는 성령님을 통해 하나님을 사랑하고 갈망하게 하십니다.

하나님이 모든 것을 도와주시지만 우리가 해야 할 일은 해야 합니다. 성령님은 산파와 같이 곁에서 우리를 도와주십니다. 엄마가 아기를 잘 출산할 수 있도록 도와주는 것이 산파입니다. 산파는 산부인과 의사나 다름없습니다. 산파는 엄마에게 어떻게 아기를 출산하게 되는지를 말해 줍니다. 어떤 과정을 거치게 되는지를 알려 줍니다.

산파는 산모 곁에서 산모를 응원해 줍니다. 힘들고 지칠 때 이제 조금만 더 힘을 쓰면 된다고 말해 줍니다. 아기의 머리가 보인다고 이야기해 줍니다. 힘들지만 조금만 더 참으면 아기를 품에 안게 되는 기쁨을 누릴 수 있다고 격려해 줍니다. 아기가 태어나면 그 아기를 엄마의 품에 안겨 줍니다. 그렇다고 아기가 산파의 아기가 되는 것은 아닙니다. 그 아기는 힘겹게 출산한 엄마의 자녀입니다. 산파는 엄마를 위로하고 칭찬합니다. 함께 기뻐합니다.

산파는 아기를 낳고 나면 엄마 곁을 떠납니다. 하지만 성령님은 산파와 같은 역할을 하시고 우리 안에 계속 거하시면서 우리를 도와주십니다. 끊임없이 우리와 우리 자녀들이 성장하도록 도와주십니다. 영원토록 떠나지 않으십니다.

우리에게 이러한 성령님을 보내 주신 하나님 아버지와 예수님을 찬양합니다. 예수님을 믿는 우리는 성령님이 함께하시는 하나님의 자녀입니다. 그러므로 우리는 죄의 종이 되어서는 안 됩니다. 죄를 죽이고 성령님의 풍성한 열매를 맺고 아름다운 생애를 살아야 합니다. 풍성한 열매를 맺도록 도와주시는 성령님을 의지하십시오. 그리함으로 넉넉히 승리하는 생애가 되기를 기도합니다.

> 우리는 다시 무서워하는 종의 영을 받지 아니하고 양자의 영을 받았습니다. 그러므로 우리가 아빠 아버지라고 부르짖을 수 있습니다.

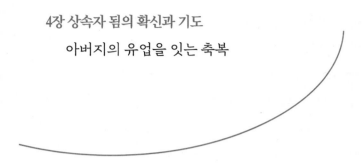

4장 상속자 됨의 확신과 기도
아버지의 유업을 잇는 축복

로마서 8:17

>> 구원의 선물을 누리라

바울은 로마서에서 복음을 증거합니다. 복음은 구원의 복음입니
다. 이 구원의 복음은 선물입니다. 우리가 노력해서 얻은 것이 아닙
니다. 노력해서 얻은 것은 선물이 될 수 없습니다. 선물이란 우리가
노력하거나 구한 것이 아닌데 누군가가 은혜로 준 것입니다.

너희는 그 은혜에 의하여 믿음으로 말미암아 구원을 받았으니 이것은 너
희에게서 난 것이 아니요 하나님의 선물이라 행위에서 난 것이 아니니 이
는 누구든지 자랑하지 못하게 함이라 엡 2:8-9

우리가 받은 구원은 은혜에 의해 믿음으로 말미암아 받은 하나님의 선물입니다. 바울은 행위에서 난 것이 아니라고 말합니다. 이것은 구원이 우리의 행위, 즉 우리의 노력으로 얻은 것이 아니라는 것을 의미합니다. 우리가 받은 구원은 우리의 노력으로 받은 것이 아니라 하나님의 선물입니다. 그런데 이 선물을 받은 후에 그 진가를 점점 알게 됩니다. 이 선물 속에는 이전에 전혀 생각하지 못했던 풍성한 것이 담겨 있음을 깨닫게 됩니다.

우리가 복음을 계속해서 공부해야 하는 까닭은 복음 속에 담긴 놀라운 축복을 알고 누리기 위해서입니다. 복음의 축복을 알고 누릴 때 우리는 그 복음을 나누고 전하게 됩니다. 바울은 로마서 8장 1절에서 그리스도 안에 있는 우리는 결코 정죄함이 없다고 선언합니다. 엄청난 선언입니다. 정죄가 없다는 것은 심판이 없다는 것입니다. 심판이 없다는 것은 우리에게 사망이 없다는 것입니다. 죄의 삯은 사망입니다. 그런데 정죄가 없어졌습니다. 예수님이 우리 죄를 대신 담당해 주심으로 우리 죄가 사라졌습니다. 그러므로 죄의 값인 사망도 우리에게서 사라진 것입니다.

우리는 죄와 사망의 법에서 해방되었습니다. 이제 생명의 성령의 법 아래로 들어가게 된 것입니다. 또한 하나님은 우리 안에 성령님을 보내 주셨습니다. 성령님은 두려워하는 종의 영이 아니라 두려움이 없는 양자의 영입니다. 우리는 예수님을 믿음으로 성령님 안에서 하나님의 자녀가 되었습니다. 종은 아버지의 집에 영원히 거할 수 없습니다. 자녀만이 아버지의 집에 영원히 거하게 됩니다. 우리는 더 이상 종이 아닙니다. 종은 두려움 속에 삽니다. 반면에 자녀는 기쁨 속에 삽니다. 종은 영원히 집에 거할 수 없습니다. 반면에 자녀는 영원히 아버지의 집에 거하게 됩니다.

지금까지 로마서 8장 전반부에서 받은 구원의 선물에 대해 이야기했습니다. 그런데 구원의 선물이 여기서 끝나지 않습니다. 우리는 하나님의 자녀일 뿐 아니라 하나님의 상속자가 되었습니다.

자녀이면 또한 상속자 곧 하나님의 상속자요 롬 8:17상

우리는 이 말씀을 통해 우리가 예수님을 믿음으로써 어떤 존재가 되었는지를 배우게 됩니다.

그리스도와 함께한 상속자

칼빈이 《기독교 강요》에서 강조한 것처럼 우리는 두 가지 지식에 집중해야 합니다. 하나는 하나님에 대한 지식입니다. 다른 하나는 우리 자신에 대한 지식입니다. 곧 인간에 대한 지식입니다. 인간에 대한 지식은 예수님을 믿기 전과 믿은 후가 큰 차이가 납니다. 우리는 예수님을 믿기 전에 어떤 사람이었는지를 아는 것과 함께 예수님을 믿은 후에 어떤 존재로 변화되었는지를 알아야 합니다.

바울은 하나님이 예수님을 통해 우리에게 하신 일을 설명하면서

동시에 예수님이 하신 일을 통해 우리가 어떻게 변화되었는가를 알려 줍니다. 바울은 우리가 하나님의 자녀가 되었다는 사실을 양자의 영을 통해 설명해 줍니다. 우리가 양자의 영을 받았다는 것은 우리가 예수님을 믿고 성령님을 통해 하나님의 자녀가 되었다는 것을 의미합니다.

로마서에서 바울이 언급한 "양자의 영"은 그 당시 로마 문화를 반영하고 있습니다. 복음을 로마 사람들의 문맥에 따라 설명하면, 로마 시민이 노예 중 하나를 양자로 삼는 것입니다. 이것은 놀라운 의미를 내포하고 있습니다. 노예가 로마 시민의 양자가 되는 순간 새롭게 태어나는 것과 같은 경험을 뜻하는 것입니다.

앞에서 언급했던 것처럼 노예가 로마 시민의 가정에 양자로 입양되면 그 사람은 더 이상 노예가 아닌 자유인이 됩니다. 그 과정에서 새아버지가 그의 모든 채무, 즉 빚을 대신 갚아 줍니다. 새아버지의 자녀가 됩니다. 새아버지의 이름을 따라 새 이름을 갖게 됩니다. 노예의 신분이 아닌 로마 시민권을 취득하게 됩니다. 또한 양아버지의 대를 잇는 상속자가 됩니다.

상속자는 아버지의 유업을 유산으로 받아 대를 잇는 것을 의미합니다. 상속자가 된다는 것은 엄청난 축복이며 특권입니다. 또한 그 책임 또한 막중합니다. 아버지의 유업을 잘 이어나가야 하기 때문입니다. 바울은 이런 문맥 가운데 로마서를 기록하면서 우리가 하나님의 자녀가 되었고, 하나님의 상속자가 되었다고 말합니다. 그런데 바울은 자녀이면 상속자요, 하나님의 상속자라는 말을 하면서 그다음에 아주 중요한 표현을 합니다. 그것은 우리가 그리스도와 함께한 상속자라는 것입니다.

> 자녀이면 또한 상속자 곧 하나님의 상속자요 그리스도와 함께한 상속자
> 니 우리가 그와 함께 영광을 받기 위하여 고난도 함께 받아야 할 것이니
> 라 롬 8:17

복음을 이해할 때 우리가 그리스도와 함께한 상속자가 되었다는 사실은 아주 중요한 진리입니다. 저는 이 말씀을 준비하면서 복음과 상속자의 관계를 깊이 깨닫게 되었습니다. 예수님은 하나님의 아들이십니다. 또한 하나님의 상속자이십니다. 히브리서는 서두에서 하나님은 아들이신 예수님을 만유의 상속자로 세우셨다고 선포합니다.

> 이 모든 날 마지막에는 아들을 통하여 우리에게 말씀하셨으니 이 아들을
> 만유의 상속자로 세우시고 또 그로 말미암아 모든 세계를 지으셨느니라
> 히 1:2

하나님은 독생하신 아들 예수님을 만유의 상속자로 세우시고 예수님으로 말미암아 모든 세계를 지으셨습니다. 성삼위 하나님은 예수님으로 말미암아 만드신 모든 세계를 첫 번째 아담에게 맡기셨습니다. 곧 아담의 통치 아래 두신 것입니다. 하나님 아버지의 놀라운

의도는 만유의 상속자이신 예수님과 함께 아담을 상속자로 세우는 것이었습니다. 곧 아담을 예수님과 함께한 상속자로 세우길 원하신 것입니다. 하지만 아담은 옛 뱀 사탄의 유혹을 받아 범죄함으로 상속자의 위치를 상실하게 되었습니다.

더욱 비참한 것은 아담의 범죄로 말미암아 그에게 맡겨 주셨던 피조물까지 저주를 받게 된 것입니다. 이것이 우리가 성경에서 이해해야 되는 연대성이자 관련성입니다. 죄를 지은 아담만 심판과 저주를 받은 것이 아닙니다. 그가 돌보았던 땅과 피조물도 함께 심판과 저주를 받게 된 것입니다.

> 아담에게 이르시되 네가 네 아내의 말을 듣고 내가 네게 먹지 말라 한 나무의 열매를 먹었은즉 땅은 너로 말미암아 저주를 받고 너는 네 평생에 수고하여야 그 소산을 먹으리라 땅이 네게 가시덤불과 엉겅퀴를 낼 것이라 네가 먹을 것은 밭의 채소인즉 창 3:17-18

그리함으로 피조물이 고통을 받게 되었습니다. 바울은 아담의 죄로 인해 고통을 받는 상태를 함께 탄식하며 함께 고통을 겪는 것이라고 말합니다.

> 피조물이 다 이제까지 함께 탄식하며 함께 고통을 겪고 있는 것을 우리가 아느니라 롬 8:22

하나님은 죄를 심판하시는 공의의 하나님이십니다. 하나님이 분명히 아담에게 "선악과를 따먹는 날에는 정녕 죽으리라"고 말씀하셨습니다. 그런 까닭에 아담과 하와가 범죄했을 때 그들에게 심판을 내리셨습니다. 그 심판이 슬프게도 아담이 돌보고 다스렸던 피조물에게까지 임한 것입니다. 하지만 하나님은 사랑의 하나님이십니다. 자비의 하나님이십니다. 하나님은 비록 공의로 아담과 하와를 심판하셨지만 인류를 회복시킬 계획을 세우셨습니다. 그 구원의 계획이 바로 창세기 3장에 담겨 있습니다.

내가 너로 여자와 원수가 되게 하고 네 후손도 여자의 후손과 원수가 되게 하리니 여자의 후손은 네 머리를 상하게 할 것이요 너는 그의 발꿈치를 상하게 할 것이니라 하시고 창 3:15

이것은 하나님이 옛 뱀, 곧 사탄에게 하신 말씀입니다. 사탄이 아담을 유혹하기 전에 여자였던 하와를 유혹했습니다. 하와는 유혹에 빠져 선악과를 따먹고 그의 남편인 아담까지 선악과를 먹게 했습니다. 하나님은 근원을 살피십니다. 아담이 죄를 짓게 된 것은 하와 때문입니다. 하와가 죄를 짓게 된 것은 옛 뱀 때문입니다. 그래서 하나님께서 먼저 뱀을 저주하십니다.

여호와 하나님이 뱀에게 이르시되 네가 이렇게 하였으니 네가 모든 가축과 들의 모든 짐승보다 더욱 저주를 받아 배로 다니고 살아 있는 동안 흙

을 먹을지니라 창 3:14

뱀을 저주하신 하나님이 "너로 여자와 원수가 되게 하고 네 후손
도 여자의 후손과 원수가 되게 하리니"라고 말씀합니다. 그다음에
아주 중요한 말씀을 하십니다.

> 여자의 후손은 네 머리를 상하게 할 것이요 너는 그의 발꿈치를 상하게
> 할 것이니라 하시고 창 3:15하

이 말씀에 나오는 여자의 후손은 장차 오실 메시아를 의미합니
다. 곧 예수 그리스도를 의미합니다. 예수님이 여자의 후손으로 오
셔서 모든 것을 회복시키시는 것입니다. 이 여자의 후손으로 오시
는 예수 그리스도는 두 번째 아담이십니다. 마지막 아담이라고 부
르기도 합니다.

우리가 여기서 기억해야 할 사실이 있습니다. 첫 번째 아담은 여
자의 후손이 아닙니다. 하나님은 아담을 창조하실 때 흙에서 창조
하셨습니다. 첫 번째 아담은 어머니에게서 태어난 것이 아닙니다.
하나님이 흙을 통해 창조하신 것입니다. 반면에 두 번째 아담이신
예수님은 반드시 여자의 후손으로 오셔야 합니다. 그래야만 창세기
3장 15절의 말씀이 성취되기 때문입니다.

예수님이 여자의 후손으로 오시되 반드시 맏아들로 오셔야 합니
다. 맏아들, 즉 장자로 오셔야 하는 까닭은 장자가 곧 상속자가 되

기 때문입니다. 예수님이 오셔서 사탄의 머리를 치심으로 그를 물리치시고 사탄의 권세 아래 있던 죄인들을 건져내십니다. 죄의 노예가 되었던 우리를 건져내어 주십니다. 여기서 끝나는 것이 아니라 죄인들을 의롭게 하시고, 또한 하나님의 자녀가 되게 하십니다. 하나님의 자녀가 되었다는 것은 무슨 의미일까요? 곧 예수님과 함께 하나님의 장자가 되었다는 것이며, 예수님과 함께 하나님의 상속자가 되었다는 것입니다.

하나님은 그리스도 안에서 우리 모두를 하나님의 자녀로 삼으셨고 우리 모두를 장자로 삼으셨습니다. 남자든 여자든 상관없이 우리는 그리스도 안에서 장자가 되었습니다. 또한 우리는 모두 그리스도와 함께한 상속자가 되었습니다. 복음에서 더욱 놀라운 것은 이스라엘 백성이 아닌 이방인들이 예수님 안에서 상속자가 된 것입니다.

이는 이방인들이 복음으로 말미암아 그리스도 예수 안에서 함께 상속자가 되고 함께 지체가 되고 함께 약속에 참여하는 자가 됨이라 엡 3:6

어떻게 이런 일이 가능할까요? 바울은 이 사실을 가능하게 한 복음의 비밀을 아브라함의 선택에서 깨닫게 됩니다. 아브라함의 이야기 속에서 우리는 상속자가 되는 것이 얼마나 중요한지, 그 비밀을 깨닫게 됩니다.

하나님의 상속자가 되기 위한 자격

하나님의 상속자가 되는 자격은 오직 자녀만 가졌습니다. 종은 상속자가 될 수 없습니다. 하나님이 왜 우리를 종이 아닌 자녀로 삼으셨는지를 알아야 합니다. 하나님이 우리를 종의 신분에서 하나님의 자녀로 만드신 이유는 종은 상속자가 될 수 없기 때문입니다. 하나님은 종 되었던 우리를 하나님의 자녀로 삼으신 후에 우리를 예수님과 함께 상속자로 삼으셨습니다.

우리가 예수님과 함께한 하나님의 상속자가 되었다는 복음을 이해하기 위해서는 믿음의 조상 아브라함의 생애를 알아야 합니다. 하나님은 여자의 후손, 즉 메시아를 태어나게 하시기 위해 한 사람을 선택하십니다. 그는 바로 아브라함입니다. 하나님은 아브라함과 그 후손을 통해 구속의 드라마를 전개할 계획을 세우십니다.

하나님이 아브라함을 부르셨을 때 그를 축복해 주십니다. 그에게 그의 후손을 축복해 주시고 새 땅에 들어가는 축복을 허락해 주십니다. 그의 이름을 창대하게 해주시는 축복과 그를 통해 천하 만민이 복을 받는 사명을 맡기십니다. 문제는 하나님이 아브라함에게 약속하신 아들을 더디 허락해 주신 것입니다. 참고 기다리던 아브라함이 첫 번째 생각했던 것은 조카 롯을 상속자로 세우는 것이었습니다. 하나님이 그의 생각을 아시고 조카 롯과 헤어지게 하십니다.

아브라함이 조카 롯과 헤어질 때 하나님이 나타나셔서 다시 한 번 그의 후손에 대한 축복과 땅에 대한 축복을 약속해 주십니다. 하지만 하나님이 여전히 아브라함에게 아들을 주시는 것을 미루셨습니다. 창세기 15장을 보면 하나님이 아브라함에게 나타나셔서 하나님이 그의 방패요 지극히 큰 상급이라고 말씀합니다. 그때 아브라함이 하나님께 자기가 품었던 생각을 말합니다.

아브람이 이르되 주 여호와여 무엇을 내게 주시려 하나이까 나는 자식이 없사오니 나의 상속자는 이 다메섹 사람 엘리에셀이니이다 아브람이 또 이르되 주께서 내게 씨를 주지 아니하셨으니 내 집에서 길린 자가 내 상속자가 될 것이니이다 창 15:2-3

하나님이 아들을 주지 않으시니 그의 종 엘리에셀을 상속자로 삼겠다는 말이었습니다. 이 말씀을 함께 상고할 때 상속자에 초점을 두는 것이 중요합니다. 아브라함은 "자식"이라는 단어와 함께 "씨"라는 단어를 사용합니다. 이 "씨"라는 단어는 '후손'을 의미합니다. 나중에 이 "씨"는 그리스도를 상징하는 단어가 됩니다. 그때 하나님이 그에게 단호하게 말씀합니다. 종은 상속자가 될 수 없으며 아브라함의 몸에서 태어날 자가 상속자가 될 것이라고 말입니다.

여호와의 말씀이 그에게 임하여 이르시되 그 사람이 네 상속자가 아니라 네 몸에서 날 자가 네 상속자가 되리라 하시고 창 15:4

하나님이 친절하게 아브라함을 밖으로 데리고 나가셔서 하늘을 우러러 뭇별을 보여 주십니다. 그리고 그 뭇별을 셀 수 있나 물어보십니다. 하나님이 아브라함에게 그의 몸에서 날 후손이 장차 하늘의 뭇별처럼 많게 될 것이라고 말씀합니다. 곧 하나님은 반드시 그에게 후손을 줄 것이라고 말씀합니다. 그때 아브라함이 약속의 말씀을 주신 하나님을 믿습니다. 하나님은 그 믿음을 그의 의로 여기십니다.

아브람이 여호와를 믿으니 여호와께서 이를 그의 의로 여기시고 창 15:6

이 말씀은 신약에 와서 이신칭의의 복음적 교리와 연결되는 아주 중요한 말씀입니다. 여기서 아브라함이 하나님을 믿었다는 것은 하나님이 약속하신 말씀을 믿었다는 것입니다. 그 약속의 말씀 속에 담긴 "상속자"를 믿었다는 것입니다. 그의 몸에서 나올 상속자, 그 상속자는 이삭의 후손 가운데 오실 예수 그리스도로 연결됩니다. 또한 이 말씀 속에 나오는 상속자는 예수 그리스도와 함께 상속자가 될 우리도 포함되어 있습니다.

이 말씀은 아브라함이 하나님이 예비하신 상속자 예수 그리스도를 믿으니 이를 그의 의로 여기셨다고 해석할 수 있습니다. 이렇게 해석할 수 있는 까닭은 바울이 신약에서 그렇게 해석하고 있기 때문입니다.

상속자가 되는 것은 오직 믿음으로 가능하다

아브라함은 놀라운 믿음을 하나님께 보여 드렸습니다. 그의 상속자는 그의 종 엘리에셀이 아니라 그의 몸에서 태어날 아들이 될 것이라는 것을 믿었습니다. 하지만 아브라함은 다시 흔들립니다. 하나님이 아들을 더디 주시니까 이번에 사라까지 흔들리면서 제안을 합니다. 애굽에서 데리고 온 하갈이라는 여종을 통해 상속자를 얻으라는 것입니다.

> 아브람의 아내 사래는 출산하지 못하였고 그에게 한 여종이 있으니 애굽 사람이요 이름은 하갈이라 사래가 아브람에게 이르되 여호와께서 내 출산을 허락하지 아니하셨으니 원하건대 내 여종에게 들어가라 내가 혹 그로 말미암아 자녀를 얻을까 하노라 하매 아브람이 사래의 말을 들으니라
> 창 16:1-2

아브라함이 사라의 말을 듣고 여종에게 들어가 아들을 얻게 됩니다. 그는 이스마엘입니다. 여기서 아브라함과 사라의 실수를 통해 세 가지 소중한 교훈을 배우게 됩니다.

첫째, 하나님의 뜻을 육신적인 방법으로 이루려고 한 것은 큰 실수였습니다.

하나님의 뜻은 하나님의 원리와 방법으로 이루어야 합니다. 아브라함은 하나님의 뜻을 알았지만 그 뜻을 인간적인 방법으로 이루려

고 했습니다. 우리가 자주 저지르는 실수 중 하나입니다. 하나님의 뜻은 하나님의 방법으로 이루어져야 합니다.

둘째, 하나님의 때를 육신적인 방법으로 앞당기려고 한 것은 큰 실수였습니다.

하나님의 뜻을 아는 것과 함께 하나님의 때를 아는 것이 중요합니다. 하나님의 뜻은 오랜 기다림과 오래 참음을 통해 성취됩니다. 조급하면 이스마엘을 만들어 내지만 기다리면 이삭이 태어납니다. 아브라함은 조급한 나머지 육신적인 방법으로 하나님의 때를 앞당기려 했습니다. 영적 생활에서 가장 중요한 것은 오랫동안 기다리는 것입니다. 오랫동안 인내하는 것입니다.

셋째, 하나님의 뜻은 육신의 행위가 아니라 성령님의 역사로 이루어집니다.

이스마엘은 하나님이 주신 아들이 아닙니다. 아브라함과 사라가 자신의 노력과 꾀로 만들어 낸 아들입니다. 하나님은 우리를 구원해서 자녀 삼으실 때 육신의 행위로 말미암지 않으셨습니다. 오직 은혜로, 오직 믿음으로, 오직 성령님의 초자연적인 역사로 이루어 주신 것입니다.

하나님은 이스마엘을 아브라함의 상속자로 인정하지 않으셨습니다. 여종을 통해 낳은 아들은 여전히 종이라는 것입니다. 종은 상속자가 될 수 없습니다. 오직 아브라함의 아내 사라를 통해 낳은 아들이 상속자가 될 수 있습니다. 아브라함의 나이 99세, 사라의 나이 90세가 되었을 때 하나님은 이삭을 선물로 주십니다(창 17장). 육신의 행위로 낳을 수 없었습니다. 사라의 경수가 끊어졌고 아브라함은 생산할 능력이 없었습니다. 하지만 그때 아브라함과 사라는 바랄 수 없는 중에 바라는 믿음을 가졌습니다. 그래서 낳은 아들이 이삭입니다.

이삭이 태어났을 때 육신의 노력으로 태어난 이스마엘이 이삭을 핍박합니다. 바울은 복음을 설명할 때 하갈과 사라, 이스마엘과 이삭을 비유로 들어서 설명합니다. 곧 율법의 행위로 구원을 받을 수 없고, 오직 믿음으로 구원을 받는다는 사실을 강조합니다. 이 말씀을 마음에 두고 로마서 4장을 읽어 보십시오. 바울은 구약에서 복음을 받고, 복음을 알고, 복음을 경험하고, 복음을 누리는 사람의 예로 아브라함과 다윗을 듭니다. 이 두 사람 모두 육신의 행위로 의롭다 함을 받거나 죄 사함을 받은 것이 아닙니다. 오직 믿음으로, 오직 은혜로 의롭다 하심과 용서를 받은 것입니다. 아브라함에게 초점을 맞추어 봅시다.

> 만일 아브라함이 행위로써 의롭다 하심을 받았으면 자랑할 것이 있으려니와 하나님 앞에서는 없느니라 성경이 무엇을 말하느냐 아브라함이 하나님을 믿으매 그것이 그에게 의로 여겨진 바 되었느니라 롬 4:2-3

이 말씀은 창세기 15장 6절 말씀의 연장입니다.

아브라함이나 그 후손에게 세상의 상속자가 되리라고 하신 언약은 율법으로 말미암은 것이 아니요 오직 믿음의 의로 말미암은 것이니라 만일 율법에 속한 자들이 상속자이면 믿음은 헛것이 되고 약속은 파기되었느니라 롬 4:13-14

바울은 아브라함의 후손이 상속자가 된 것은 율법의 행위로 된 것이 아니라 오직 믿음으로 되었다고 선언합니다. 바로 이런 점에서 하나님이 아브라함에게 일찍이 복음을 전해 주셨다고 말씀합니다.

또 하나님이 이방을 믿음으로 말미암아 의로 정하실 것을 성경이 미리 알고 먼저 아브라함에게 복음을 전하되 모든 이방인이 너로 말미암아 복을 받으리라 하였느니라 갈 3:8

아브라함이 받은 복음 속에 이삭의 후손으로 오실 예수님이 담겨 있습니다. 이삭 대신 모리아 산에서 죽은 숫양은 예수님의 모형입니다. 예수님은 아브라함이 낳기 전에 계셨다고 말씀하시고, 아브라함이 예수님의 때를 미리 보았다고 말씀합니다.

너희 조상 아브라함은 나의 때 볼 것을 즐거워하다가 보고 기뻐하였느니라 요 8:56

여기서 좀 더 살펴볼 것이 있습니다. 아브라함이 받은 복음 속에는 성령님의 약속이 함께 담겨 있다는 것입니다.

이는 그리스도 예수 안에서 아브라함의 복이 이방인에게 미치게 하고
또 우리로 하여금 믿음으로 말미암아 성령의 약속을 받게 하려 함이라
갈 3:14

하나님은 그리스도 안에서 아브라함의 복이 이방인에게 미치게
하셨습니다. 또한 믿음으로 말미암아 성령의 약속을 받게 하셨습니
다. 바울이 이 사실을 강조하는 것은 우리가 하나님의 자녀가 되고
상속자가 된 것은 성령님이 예수님과 함께 역사하신 열매이기 때문
입니다. 바울은 우리가 하나님의 자녀 됨을 성령님이 증거하신다고
말씀합니다. 또한 성령님이 우리가 상속자가 되어 하나님의 유업을
받게 되는 것을 보증해 주시는 분이라고 말씀합니다.

그뿐 아니라 또한 우리 곧 성령의 처음 익은 열매를 받은 우리까지도 속
으로 탄식하여 양자 될 것 곧 우리 몸의 속량을 기다리느니라 롬 8:23

바울이 말하는 "성령의 처음 익은 열매"는 보증을 의미합니다. 예
수님이 부활의 첫 열매가 되셨습니다. 그렇다면 예수님을 믿는 자,
예수님과 연합한 모든 사람은 예수님을 따라 부활의 열매를 맺게
됩니다. 이와 같이 "성령의 처음 익은 열매"의 뜻은 성령님이 우리
안에 첫 열매처럼 임하셔서 장차 상속자로 받게 될 하나님의 기업
의 영광을 보증해 주신다는 것을 의미합니다.
복음을 통해 누리는 모든 축복은 우리 행위로 말미암은 것이 아

닙니다. 예수님이 우리를 위해 이루신 일로 말미암은 것입니다. 또한 복음 되시는 예수님을 믿음으로 말미암은 것입니다.

상속자의 영광과 고난

구약에서 종은 상속자가 될 수 없었습니다. 신약에서도 종은 여전히 상속자가 될 수 없었습니다. 그런데 예수님이 오심으로 예수님으로 말미암아 종도 상속자가 될 수 있는 길이 열렸습니다. 구약에서 여인은 상속자가 될 수 없었습니다. 오직 아들만 상속자가 되었고 아들만 장자가 되었습니다. 그런데 신약에서는 여인도 예수님을 통해 상속자가 되고 장자가 될 수 있습니다. 구약에서 이방인은 상속자가 될 수 없고 오직 선택받은 유대인들만 될 수 있습니다. 그런데 신약에서는 이방인도 상속자가 될 수 있습니다.

> 너희가 다 믿음으로 말미암아 그리스도 예수 안에서 하나님의 아들이 되었으니 누구든지 그리스도와 합하기 위하여 세례를 받은 자는 그리스도로 옷 입었느니라 너희는 유대인이나 헬라인이나 종이나 자유인이나 남자나 여자나 다 그리스도 예수 안에서 하나이니라 갈 3:26-28

이것은 정말 놀라운 복음입니다. 어떻게 이런 일이 가능하게 되었을까요? 예수 그리스도 때문입니다. 예수 그리스도는 하나님이 아브라함에게 약속하신 "씨"가 되십니다. 이 씨에 대한 약속은 아브라함이 그의 상속자 이삭을 하나님께 드릴 때 다시 한 번 등장합니다.

> 내가 네게 큰 복을 주고 네 씨가 크게 번성하여 하늘의 별과 같고 바닷가의 모래와 같게 하리니 네 씨가 그 대적의 성문을 차지하리라 또 네 씨로 말미암아 천하 만민이 복을 받으리니 이는 네가 나의 말을 준행하였음이니라 하셨다 하니라 창 22:17-18

여기서 "씨"는 단수입니다. 이 "씨"는 아브라함에게는 이삭을 의미합니다. 이삭이 상속자이기 때문입니다. 하지만 이 말씀 속에 나오는 "씨"는 구속의 드라마 속에서 이삭의 후손으로 오실 영원한 상속자 예수 그리스도를 의미합니다.

> 이 약속들은 아브라함과 그 자손(his seed)에게 말씀하신 것인데 여럿을 가리켜 그 자손들(seeds)이라 하지 아니하시고 오직 한 사람(one person)을 가리켜 네 자손(seed)이라 하셨으니 곧 그리스도라 갈 3:16

상속자가 된다는 것은 정말 복된 일입니다. 영광스러운 일입니다. 그것도 그냥 상속자가 아닙니다. 하나님의 상속자입니다. 예수님과 함께한 상속자입니다. 상속자에게 주어지는 것은 놀라운 기업입니다. 바울은 그 기업의 영광을 성도들이 알기를 원했습니다.

우리 주 예수 그리스도의 하나님, 영광의 아버지께서 지혜와 계시의 영을
너희에게 주사 하나님을 알게 하시고 너희 마음의 눈을 밝히사 그의 부르
심의 소망이 무엇이며 성도 안에서 그 기업의 영광의 풍성함이 무엇이며

엡 1:17-18

하나님의 계시의 영, 즉 성령님이 역사하실 때 우리는 하나님을
알게 됩니다. 마음의 눈이 열려서 부르심의 소망을 알게 됩니다.
또한 성도 안에서 그 기업의 영광의 풍성함이 무엇인지를 알게 됩
니다. 우리가 예수님과 함께 상속자가 된 것은 영광스러운 일입니
다. 또한 우리가 상속자로 받게 되는 기업은 영광스럽고 풍성합니
다. 그런 까닭에 하나님은 고난을 통해 상속자를 연단시키십니다(롬
8:17).

상속자의 영광과 고난은 하나로 연합되어 있습니다. 예수님은 상
속자로서 고난을 받으셨습니다. 십자가의 고난을 영광스럽게 여기
셨습니다. 또한 십자가를 통해 부활의 영광에 이르셨습니다. 더욱
놀라운 영광은 예수님의 고난을 통해 우리를 구원하신 것입니다.
예수님을 믿는 모든 만민을 예수님과 함께 하나님의 자녀로 삼으시
고, 예수님과 함께 장자로 삼으시고, 예수님과 함께 상속자로 삼으
신 것입니다.

상속자는 영광스러운 위치와 함께 그 사명을 감당해야 합니다.
장자의 역할은 부모님을 공경하고 형제를 돌보는 것입니다. 장자
는 다른 형제들보다 두 배의 몫을 유산으로 받았습니다. 그렇게 유

산을 받은 만큼 책임도 막중합니다. 책임을 잘 감당하기 위해서는 그에 합당한 준비를 해야 합니다. 이때 필요한 것이 고난입니다. 왜 고난이 필요할까요? 고난을 통해 우리가 상속자의 역할을 감당할 수 있을 정도로 거룩해지기 때문입니다. 또한 맏아들 되시는 예수 님을 닮아 가게 되기 때문입니다.

> 하나님이 미리 아신 자들을 또한 그 아들의 형상을 본받게 하기 위하여 미리 정하셨으니 이는 그로 많은 형제 중에서 맏아들이 되게 하려 하심이 니라 롬 8:29

말씀 가운데 "그 아들의 형상을 본받게" 한다는 말씀이 있습니다. 여기서의 아들은 예수님이십니다. 예수님은 맏아들입니다. 장자입 니다. 상속자입니다. 예수님과 함께 상속자가 된 우리는 예수님의 형상을 본받아야 합니다. 그러기 위해서는 고난을 감당해내야 합니 다. 고난은 영광에 이르는 길입니다.

"본받게"라는 헬라어는 "쉼몰프호스"(symmorphos)입니다. 이 단어는 "함께"(쉰)라는 단어와 "형상"(모릅헤)이라는 단어의 합성어입니다. 곧 예수님과 함께 예수님의 형상을 닮아 가는 것입니다. 그 과정에 서 우리가 경험하는 것이 고난입니다.

바울이 자주 사용하는 표현이 "함께"라는 표현입니다. 그는 늘 공 동체를 생각했습니다. 성삼위 하나님도 공동체이십니다. 또한 성삼 위 하나님이 이루신 창조와 구속도 성삼위 하나님이 함께 성취하신 것입니다. 지금 우리가 경험하는 모든 은혜는 그리스도와 함께, 성령님과 함께 경험하는 것입니다.

"그리스도와 함께한 상속자니."
"우리가 그와 함께 영광을 받기 위하여."
"고난도 함께 받아야 할 것이니라."

우리는 고난을 당할 때 낙심하지 말아야 합니다. 의심하지 말아야 합니다. 잠시 흔들릴 수 있지만 너무 많이 흔들리지는 않아야 합니다. 원망하거나 불평하지 않아야 합니다. 오히려 욥처럼 감사할 수 있어야 합니다. 왜냐하면 우리가 바라보는 미래의 영광이 있기 때문입니다. 우리는 고난을 통해 예수님과 함께 영광을 받게 됩니다. 예수님의 영광을 우리도 받아 누리게 됩니다. 고난의 풀무에 들어갔다가 나온 임현수 목사님이 "총선 참패는 더 큰 복이다"라는 글에서 고난의 비밀에 대해 다음과 같이 기록하고 있습니다.

"14번 맞으면 14K가 되고, 18번 두드려 맞으면 18K가 되고, 24번 두드려 맞으면 24K 즉 순금이 된다는 말처럼 우리나라는 아직 연단 중에 있는 것이다." – 임현수 목사

고난을 통과할 때 우리는 장차 나타날 영광을 바라보며 인내해야 합니다. 오래 참아야 합니다. 그 과정을 통해 우리는 영광스러운 상

속자가 될 수 있습니다. 오래 참으십시오. 그러면 영광을 누리게 됩니다. 예수님과 함께 왕 노릇하게 됩니다.

> 그러므로 내가 택함받은 자들을 위하여 모든 것을 참음은 그들도 그리스도 예수 안에 있는 구원을 영원한 영광과 함께 받게 하려 함이라 미쁘다 이 말이여 우리가 주와 함께 죽었으면 또한 함께 살 것이요 참으면 또한 함께 왕 노릇 할 것이요 우리가 주를 부인하면 주도 우리를 부인하실 것이라 딤후 2:10-12

≫ 예수님과 함께하는 상속자가 해야 할 일

예수님은 만유의 상속자이십니다. 만유의 상속자가 하시는 일은 중보기도입니다. 예수님은 십자가에서 구속의 일을 다 이루셨습니다. 하지만 예수님이 지금도 하시는 일은 중보기도입니다.

> 누가 정죄하리요 죽으실 뿐 아니라 다시 살아나신 이는 그리스도 예수시니 그는 하나님 우편에 계신 자요 우리를 위하여 간구하시는 자시니라 롬 8:34

히브리서에서는 예수님을 만유의 상속자라고 말씀합니다. 또한 예수님이 지극히 크신 이의 우편에 앉으셨다고 말씀합니다.

> 이는 하나님의 영광의 광채시요 그 본체의 형상이시라 그의 능력의 말씀
> 으로 만물을 붙드시며 죄를 정결하게 하는 일을 하시고 높은 곳에 계신
> 지극히 크신 이의 우편에 앉으셨느니라 히 1:3

우리가 예수님과 함께 상속자가 되었다는 것은 예수님과 같은 위치에 있다는 것입니다. 이것이 영적 진리이며 진실입니다. 우리가 비록 이 땅에서 힘들게 살아가지만 영적으로는 이미 예수님과 함께 하늘에 앉아 있습니다.

> 허물로 죽은 우리를 그리스도와 함께 살리셨고 (너희는 은혜로 구원을 받은
> 것이라) 또 함께 일으키사 그리스도 예수 안에서 함께 하늘에 앉히시니
> 엡 2:5-6

예수님이 하나님 보좌 우편에 앉으셨다는 것의 의미

첫째, 안식을 의미합니다.

예수님은 죄를 정결하게 하는 일을 마치시고 안식하고 계십니다. 우리도 예수님과 함께 안식할 수 있는 까닭은 예수님이 우리의 죄 문제를 다 해결해 주셨기 때문입니다.

둘째, 다스림을 의미합니다.

예수님은 하나님의 보좌 우편에 앉아서 모든 것을 다스리십니다. 예수님은 우리를 예수님과 함께 다스리는 위치에 세우셨습니다. 예수님을 통해 아담이 상실했던 다스림의 위치와 역할을 회복하게 되

었습니다.

셋째, 기도를 의미합니다.

예수님은 하나님 보좌 우편에서 우리를 위해 간구하고 계십니다. 예수님과 함께한 상속자가 된 우리가 해야 할 가장 중요한 사역 중의 하나가 바로 중보기도입니다. 하나님은 기도를 통해 이 세상을 다스리십니다. 우리가 기도할 때 하나님은 상속자 된 우리를 위해 천사들을 동원해 주십니다. 천사들이 수종 들게 하십니다.

> 모든 천사들은 섬기는 영으로서 구원받을 상속자들을 위하여 섬기라고
> 보내심이 아니냐 히 1:14

천사들은 결코 우리의 경배 대상이 아닙니다. 우리의 기도 대상도 아닙니다. 모든 천사들은 구원받은 상속자들, 곧 우리를 섬기라고 보내심을 받은 것입니다. 성경에서 천사들이 나타나는 때는 기도의 때입니다. 다니엘이 기도할 때 천사가 나타났습니다. 사가랴가 기도할 때 천사가 나타났습니다. 예수님이 기도하실 때 천사가 나타났습니다. 초대 교회 성도들이 베드로를 위해 기도할 때 천사가 나타나서 그를 도왔습니다.

우리는 한때 종이었습니다. 종은 결코 상속자가 될 수 없습니다. 구약의 아브라함의 종 엘리에셀은 상속자가 될 수 없었습니다. 사라의 여종에게서 태어난 이스마엘도 상속자가 될 수 없었습니다. 하지만 예수님을 통해서 이제는 종도 하나님의 자녀가 될 수 있습

니다. 하나님의 상속자가 될 수 있습니다. 여자도 하나님의 상속자가 될 수 있습니다. 이것이 복음입니다.

상속자가 누리는 특권과 함께 상속자에게 주어진 책임을 기억하십시오. 예수님과 함께 상속자가 된 우리가 예수님처럼, 예수님과 함께 고난을 받는 것 때문에 흔들리지 마십시오. 오히려 예수님과 함께 상속자가 된 까닭에 하나님이 고난을 허락하셨다는 사실을 기억하십시오. 고난의 때에 원망하지 말고, 고난을 환영하고, 고난을 잘 극복함으로써 순금처럼 빛나는 하나님의 상속자가 되십시오. 예수님과 함께 하늘에 앉은 바 된 그 영광과 위치를 기억하십시오. 또한 예수님 안에서 안식하십시오. 예수님과 함께 왕 노릇하십시오. 다스리고 돌보십시오. 예수님과 함께 중보기도를 드리십시오. 그리함으로 상속자의 축복과 책임을 다하기를 바랍니다.

자녀이면 또한 하나님의 상속자요 그리스도와 함께한 상속자입니다. 그러므로 우리가 그와 함께 영광을 받기 위하여 고난도 함께 받아야 할 것입니다.

5장 고난 뒤 나타날 영광에 대한 확신과 기도

진정한 자유로움에 이르기 위한 훈련

로마서 8:18-25

>> 장차 누리게 될 구원의 영광

우리는 구원을 이야기할 때 출애굽 사건을 언급합니다. 그 이유는 출애굽의 구원 역사가 예수님의 구원 역사의 모형이기 때문입니다. 하나님은 그분의 사랑과 크신 능력으로 히브리 노예들을 바로의 손에서 건져 내셨습니다. 구원은 건져 내는 것입니다.

특별히 하나님이 애굽 땅에 장자를 죽이는 재앙을 내리셨습니다. 하나님이 애굽 땅에 내리신 열 번째 재앙이었습니다. 그때 애굽에 있는 모든 장자는 죽음을 면하지 못했습니다. 그중에는 가축도 포함되어 있었습니다.

애굽 땅에 있는 모든 처음 난 것은 왕위에 앉아 있는 바로의 장자로부
터 맷돌 뒤에 있는 몸종의 장자와 모든 가축의 처음 난 것까지 죽으리
니 출 11:5

바로와 애굽 사람의 죄 때문에 재앙이 임할 때 그 재앙은 사람이
나 동물을 차별하지 않았습니다. 모든 장자와 모든 종의 장자와 모
든 가축의 처음 난 것이 죽었습니다. 이것이 죄의 결과입니다. 하나
님이 바로와 그 모든 신하와 애굽 사람의 장자와 가축의 처음 난 것
을 치셨습니다. 그날 밤에 큰 부르짖음이 있었습니다.

애굽에 큰 부르짖음이 있었으니 이는 그 나라에 죽임을 당하지 아니한 집
이 하나도 없었음이었더라 출 12:30하

이 큰 부르짖음 속에는 가축의 부르짖음도 포함되어 있었습니다.
우리는 이 사건을 통해 죄 때문에 가축들이 함께 고통받는 것을 보
게 됩니다. 하지만 이스라엘 자손과 그들의 가축에게는 장자 죽음
의 재앙이 임하지 않았습니다.

그러나 이스라엘 자손에게는 사람에게나 짐승에게나 개 한 마리도 그 혀
를 움직이지 아니하리니 여호와께서 애굽 사람과 이스라엘 사이를 구별
하는 줄을 너희가 알리라 하셨나니 출 11:7

하나님이 이스라엘 자손의 장자와 그들이 소유한 짐승의 처음 난 것들을 함께 구원해 주셨습니다. 이 짐승 가운데는 개도 포함되어 있습니다. 하나님이 특별히 왜 개를 언급하셨는지는 알 수가 없습니다. 이 말씀에 기인하여 애완견, 즉 반려견을 키우는 사람들은 출애굽 할 때 개도 이스라엘 자손과 함께 나왔다고 말합니다. 개도 함께 구원받았다는 사실을 강조합니다. 말리부에 있는 세라 수양관에서 며칠 동안 지내며 미국 가톨릭 신부가 쓴 책을 읽었습니다. 이 가톨릭 신부는 개를 너무 사랑한 나머지 개가 천국에 들어간다는 사실을 책으로 기록했습니다. 개가 천국에 들어갈 것이라고 주장하는 사람들이 근거로 삼는 말씀이 바로 출애굽기 11장 7절입니다.

그렇다면 무엇이 이스라엘 자손의 장자와 그들의 가축의 처음 난 것과 개의 처음 난 것을 구원했을까요? 바로 유월절 어린 양입니다. 그 어린 양의 피입니다. 어린 양의 피를 문설주 좌우와 그 집 문의 인방에 바르면 구원을 받았습니다. 출애굽 사건에서 장차 오실 어린양 예수님을 통해 인류와 모든 피조물들이 구원을 받게 되는 그림자를 보게 됩니다. 우리는 로마서 8장 18-25절에서 장차 예수님의 재림과 함께 경험하게 될 구원의 영광을 예견하게 됩니다.

고난은 다른 말로 훈련이다

하나님은 우리를 죄에서 구원하시는 것만으로 만족하시는 분이
아닙니다. 하나님은 예수님을 통해 죄인을 구원하신 후에 그들을
하나님의 자녀로 삼으셨습니다. 하나님의 자녀로 삼으신 것에 머물
지 않으시고 하나님의 상속자가 되게 하셨습니다. 그것도 그리스도
와 함께한 상속자가 되게 하신 것입니다.

> 자녀이면 또한 상속자 곧 하나님의 상속자요 그리스도와 함께한 상속자
> 니 롬 8:17상

또한 하나님은 우리를 그리스도와 함께한 상속자로 세우신 것에
머물지 않으십니다. 하나님은 우리를 그리스도와 함께한 상속자가
되게 하신 후에 우리가 예수님과 같은 영광스러운 모습을 갖기를
원하십니다. 그 과정에서 필요한 것이 고난이라고 앞에서 말한 바
있습니다.

> 우리가 그와 함께 영광을 받기 위하여 고난도 함께 받아야 할 것이니라
> 롬 8:17하

우리는 고난의 문제에 직면하게 되면 고난이 주는 고통에 너무
집착한 나머지 고난이 주는 유익과 고난의 이유와 고난의 영광을

망각하게 됩니다. 바울은 이 점을 계속해서 밝히고 있습니다. 영광과 고난, 고난과 영광은 함께 동행하는 것입니다. 이것은 함께 엮어져 있습니다. 분리할 수 있는 것이 아닙니다. 바울은 고난을 이야기하면서 우리가 받는 고난과 비교할 수 없는 영광에 대해 말합니다.

> 생각하건대 현재의 고난은 장차 우리에게 나타날 영광과 비교할 수 없도다 롬 8:18

바울은 현재의 고난과 장차 우리에게 나타날 영광은 비교할 수 없다고 말합니다. 비교거리가 안 된다는 것입니다. 우리가 받는 고난이 아무리 크다 해도 당황하지 말라는 것입니다. 그것은 상속자로서 마땅히 감당해야 할 것이라는 사실을 강조합니다. 이 사실은 우리가 이 세상을 사는 동안에 얼마든지 경험할 수 있는 일입니다. 세상 영광을 위해서도 반드시 고난이란 대가를 지불해야 합니다.

고난을 다른 말로 표현하면 훈련입니다. 연단입니다. 고난은 견디는 것입니다. 고난은 절제하는 것입니다. 고난은 탁월함에 이르기 위해 무엇인가를 연마하는 고통입니다. 고난은 진정한 자유함에 이르는 길입니다. 운동선수들을 보십시오. 올림픽에서 금메달을 따기 위해 피눈물 나는 연습을 합니다. 혹독한 훈련을 받습니다. 마치 담금질을 하는 것과 같은 훈련을 받습니다. 훈련을 받는 동안에 모든 것을 절제합니다. 오직 금메달 따는 일에만 집중합니다. 올림픽 경기에 나가는 선수에게 금메달은 최고의 영광입니다.

스캇 펙은 "훈련이란 고통을 먼저 선택하고 즐거움을 나중에 누리는 것이다."라고 말했습니다. 고통스러운 훈련의 과정을 거치면 어느 순간 경지에 이르게 됩니다. 야구선수라면 홈런을 치는 일일 것입니다. 이렇게 되면 게임이 즐거워집니다. 음악가, 예술가들도 마찬가지입니다. 곡을 쓰거나 그림을 그릴 때 고통스러운 시간들은 연단의 시간입니다. 나중의 즐거움을 바라보면서 그 고난을 기꺼이 이겨 냅니다. 잠시 맛보고 사라질 세상의 영광을 위해서도 수많은 사람들이 고난을 감수하는데, 하물며 하나님의 아들의 영광에 이르기 위해 우리가 받는 고난은 기꺼이 이겨 내야 하지 않을까요?

고난 자체에 초점을 두면 힘들어집니다. 그러나 장차 우리에게 나타날 영광을 생각하면 오히려 그것만으로도 영광이 됩니다. 하나님이 내리는 가장 무서운 벌은 악인이 죄악을 범할 때 그냥 내버려 두는 것입니다. 교만하고 불순종하고 거역하는 인간들이 받는 벌은 그들 스스로의 죄에 의해 멸망에 이르는 것입니다.

> 또한 그들이 마음에 하나님 두기를 싫어하매 하나님께서 그들을 그 상실한 마음대로 내버려 두사 합당하지 못한 일을 하게 하셨으니 롬 1:28

이 사람들은 정욕과 쾌락과 죄악이 더 즐거운 사람들입니다. 불의와 추악과 악한 일을 즐기는 사람들입니다. 그런 까닭에 하나님의 영광에는 관심이 없습니다. 영원한 세계, 영혼의 문제에도 관심이 없습니다. 다만 육신의 정욕을 따라 살아가는 것입니다. 그것이

5장 고난 뒤 나타날 영광에 대한 확신과 기도

전부인 것처럼 사는 것입니다. 이것은 참으로 슬픈 일입니다. 우리가 하나님의 선택을 받아 예수님을 믿게 되어 하나님의 자녀가 되었다는 것은 정말로 복된 일입니다. 하나님이 선택한 자녀에게 하시는 일이 있습니다. 그것은 자녀를 단련시키는 것입니다.

아버지들은 항상 자신의 자녀들을 단련시킨다. 부모는 자녀를 단련시킬 때, 나중에 훨씬 더 큰 고난을 초래하게 될 행동을 하지 않도록 가벼운 고난을 먼저 허락한다. "또 우리 육신의 아버지가 우리를 징계하여도…오직 하나님은 우리의 유익을 위하여…"(히 12:9-10). 좋은 아버지는 사랑하는 마음으로 자녀를 단련시킨다. … 세상에서 가장 사랑이 많으신 아버지께서 허락하시는 단련을 통과하는 것은 우리에게 힘겹지만 영광스러운 특권이다.

/ 팀 켈러, 《당신을 위한 로마서 2》, 두란노, 51쪽

히브리서는 우리가 하나님의 책망을 받고 훈육을 받는 것이 바로 하나님의 자녀라는 증거라고 말합니다.

징계는 다 받는 것이거늘 너희에게 없으면 사생자요 친아들이 아니니라
히 12:8

"징계"라는 말이 조금 부정적인 뉘앙스를 줍니다. 징계라는 것은 훈육하는 것입니다. 즉, 훈련을 통해 양육하는 것입니다. 필요할 때

는 책망해서 바로잡는 것입니다. 징계를 견책이라는 말로 대신할 수 있습니다. 훈계라는 말로 대신할 수 있습니다.

아들이면 훈계를 받게 마련입니다 만일 여러분에게 아무 훈계가 없다면, 여러분은 사생아이며 참 아들이 아닙니다 히 12:8, 쉬운 성경

우리가 예수님을 믿고 고난을 받는다는 것은 우리가 친아들이라는 증거입니다. 하나님의 참 아들이라는 증거입니다.

"고난 속에는 하나님의 숨은 사랑이 담겨 있습니다."
"고난 속에는 하나님의 숨은 깨우침이 담겨 있습니다."
"고난 속에는 하나님의 거룩한 기대가 담겨 있습니다."
"고난 속에는 하나님이 선물해 주고 싶으신 영광이 담겨 있습니다."

다시 출애굽 사건을 통해 구원을 받은 히브리 민족을 생각해 보십시오. 하나님이 그들을 바로의 손에서 건져 내실 때 그들은 바로의 종이었습니다. 하나님은 바로의 종 되었던 그들을 건져 내어 하나님의 장자로 삼으셨습니다.

너는 바로에게 이르기를 여호와의 말씀에 이스라엘은 내 아들 내 장자라 출 4:22

하나님이 이스라엘 자손을 친아들로 삼으셨습니다. 친아들로 삼으실 뿐 아니라 장자로 삼으셨습니다. 그런 까닭에 하나님이 그들을 광야에서 이끌어 내신 후에 하신 일이 무엇입니까? 그들을 훈련시키신 것입니다. 그들을 영광스러운 하나님의 장자로 세우기 위해 광야에서 교육하셨습니다. 광야에서 훈련시키셨습니다. 광야에서 고난을 통과하게 하셨습니다(신 32:10).

하나님이 그들을 광야에서 만나시고 호위하시고 보호하시며 눈동자와 같이 지키셨습니다. 어떤 아버지는 분노에 차서 자녀를 징계합니다. 어떤 아버지는 자녀를 견책하는 것을 회피합니다. 어떤 아버지는 감정적으로 자녀를 훈육합니다. 자기 기분에 따라 자녀를 훈육합니다. 하지만 하나님은 그런 분이 아니십니다. 아주 중요한 목표를 가지고 자기 백성을 교육하고 훈육하십니다. 아무나 장자가 되는 것이 아닙니다. 장자가 되었다면 장자의 책임을 감당하기 위해 잘 성장해야 합니다.

장자, 장녀로 태어난 사람들을 보면 책임감이 강합니다. 또 본인이 장자와 장녀로 태어나지는 않았어도 장자와 장녀의 역할을 하는 자녀들이 있습니다. 성경을 보면 요셉은 장자가 아니지만 장자의 역할을 합니다. 다윗은 장자가 아니지만 장자의 역할을 합니다. 그들은 한결같이 광야를 통과합니다. 그들은 연단을 받아 영광에 이르게 됩니다.

출애굽 한 후에 얼마나 많은 사람들이 다시 노예로 돌아가길 원했습니까? 교육도 싫고, 연단도 싫다는 것입니다. 얼마나 많은 사람들이 죄의 종이 되어 살아갑니까? 얼마나 많은 사람들이 너무 일찍 만족해 버립니까? 엄청난 잠재력을 가진 사람이 죄의 쾌락 때문에 그 모든 잠재력을 스스로 무너뜨리는 것을 봅니다. 그것이 죄입니다. 그것이 사탄이 하는 일입니다. 그것이 지옥의 모습입니다. 하나님은 우리를 구원하신 후에 우리 안에 있는 엄청난 잠재력을 보시고, 그 잠재력을 드러내 주기를 원하십니다.

황성주 박사님이 코로나 바이러스가 주는 사회·문화적 충격에 대해 강의하는 것을 들었습니다. 배울 것이 아주 많았습니다. 그중에서 구원의 개념에 대한 설명이 기억에 남습니다.

"구원이라는 것은 넓어지는 것이다." – 황성주 박사의 강의 중에서

구원은 하나님이 우리를 죄에서 건져 내어 주시는 것입니다. 구원은 우리를 악한 사탄의 손에서 구출해 주는 것입니다. 하지만 거기에서 구원이 끝나지 않습니다. 구원을 받게 되면 우리의 모든 삶이 넓어집니다. 우리 삶의 지경이 확장되는 것입니다. 우리 생각의 지평이 넓어지는 것입니다. 죄는 우리를 축소시킵니다. 잠재력을 말살시킵니다. 우리에게 와서 우리에게 있는 모든 좋은 것을 도둑질합니다. 하지만 하나님이 우리를 구원하신 후에 성령님이 임하시게 되면 우리는 성령님의 능력을 통해 모든 것이 확장됩니다. 우리의 잠재력이 확장됩니다. 우리의 영향력이 확장됩니다.

그리스도인은 만민에게 복음을 전하는 사람들입니다. 모든 민족

을 그리스도의 제자로 삼은 사람들입니다. 땅 끝까지 예수님의 증인이 되는 사람들입니다. 저는 예수님을 믿은 다음에 정말 넓어지는 것을 경험했습니다. 정말 모든 면에서 넓어졌습니다. 생각과 지성과 학문과 깨달음과 만남과 잠재력과 영향력이 확장되었습니다. 하나님의 용서를 받은 후에 용서를 베풀 줄 알게 되었습니다. 또한 마음도 넓어지는 것을 경험했습니다. 황 박사님이 C. S. 루이스의 말을 인용하여 천국과 지옥에 대한 설명도 했습니다.

"천국은 인간의 모든 가능성이 꽃 피우는 곳이다.
지옥은 모든 가능성이 고갈되는 곳이다." – C. S. 루이스

놀라운 사실이 있습니다. 그것은 고난을 통해 우리의 모든 가능성이 꽃을 피우고 열매를 맺게 된다는 것입니다. 방종과 죄악은 모든 가능성을 고갈시킵니다. 인간을 부패하게 만듭니다. 반면에 고난과 연단과 절제와 훈련은 모든 가능성을 꽃 피우게 됩니다. 하나님은 결코 우리의 잠재력을 소멸시키는 분이 아닙니다. 성령님을 우리 안에 보내셔서 무한한 잠재력을 가지신 예수님과 같은 존재로 우리를 만들어 가시는 것입니다. 성령님이 맺는 열매의 맨 마지막이 절제입니다. 절제를 통해 성령님은 우리의 잠재력을 극대화시켜 주십니다. 그리함으로 하나님께 영광을 돌리는 영광스러운 삶을 살게 하십니다.

훈련하는 사람들은 기대를 가지고 훈련합니다. 그 이유는 훈련

후에 누리게 될 영광스러운 즐거움, 또 깊은 훈련 중에 누리는 즐거움 때문입니다. 하지만 많은 사람들이 어느 정도에서 만족하고 맙니다. 바울은 영광스러운 소망을 알았기에 환난 중에도 즐거워했습니다.

> 다만 이뿐 아니라 우리가 환난 중에도 즐거워하나니 이는 환난은 인내를, 인내는 연단을, 연단은 소망을 이루는 줄 앎이로다 롬 5:3-4

여기서 C. S. 루이스의 말을 인용해 봅니다. 많은 사람들이 이 말을 인용하는데, 고난 후에 기다리는 비교할 수 없는 영광을 이해하는 데 큰 도움이 됩니다.

우리는 무한한 기쁨을 준다고 해도 술과 섹스와 야망에만 집착하는 냉담한 피조물들입니다. 마치 바닷가에서 휴일을 보내자고 말해도 그게 무슨 뜻인지 상상하지 못해서 그저 빈민가 한 구석에서 진흙 파이나 만들며 놀고 싶어 하는 철없는 아이와 같습니다. 우리는 너무 쉽게 만족합니다.

/ C. S. 루이스, 《영광의 무게》, 홍성사, 12쪽

고통 중에 있는 피조물을 장차 회복시키실 하나님

바울은 우리가 이미 구원을 받았지만 앞으로 누리게 될 영광이 아직 다 이루어지지 않았다고 말합니다.

이미 받은 구원 – 현재의 고난 – 아직 온전히 나타나지 않은 영광

바울은 고난만 이야기하는 사람이 아닙니다. 거듭 영광을 이야기합니다. 고난보다 오히려 영광에 초점을 두고 있습니다. 바울은 구원받은 성도가 장차 누리게 될 영광과 함께 피조물의 회복에 대해 이야기합니다. 바울은 로마서 8장 18절에서 "현재의 고난은 장차 우리에게 나타날 영광과 비교할 수 없다"고 말합니다.

프란시스 쉐퍼는 "우리에게 나타날 영광"은 "우리와 관련된 영광"으로 번역하는 것이 좋다고 말합니다(프란시스 쉐퍼, 《복음의 진수》, 생명의말씀사, 308쪽). 그렇다면 "우리와 관련된 영광"이라는 말씀은 무슨 뜻일까요? 그것은 피조물과 관련된 영광입니다. 아담이 범죄함으로 피조물도 저주를 받아 고통을 받게 되었습니다. 아담과 피조물이 관련되어 있습니다. 이와 같이 예수님과 함께 상속자가 된 우리와 피조물이 관련되어 있다는 것입니다.

바울은 피조물이 허무한 데 굴복하고 있으며, 썩어짐의 종노릇을 하고 있다고 말합니다. 피조물이 탄식하고 있다고 말합니다. 함께 탄식하고 함께 고통을 겪고 있다고 말합니다. 그래서 피조물이 하

나님의 아들들이 나타나길 고대한다고 말합니다.

> 피조물이 고대하는 바는 하나님의 아들들이 나타나는 것이니 롬 8:19

바울은 피조물을 의인화시켜 말합니다. 모든 피조 세계가 고통 중에 하나님의 아들들이 나타나는 것을 고대하고 있습니다. 여기서 고대한다는 것은 누군가를 간절히 기다리는 것입니다. 존 스토트는 "고대하다"라는 헬라어 단어를 잘 설명해 줍니다.

> "고대하는 바"라는 말에 해당하는 헬라어는 "아포카라도키아"(apokaradokia)로 "카라"(kara) 곧 "머리"라는 말에서 나왔다. 그것은 "머리를 들고 바라는 물체가 나타날 저 지평선의 한 점에 고정시킨 채 기다리는 것"을 의미한다. 다시 말해 어떤 사람이 "발돋움 하면서" 혹은 "목을 펴서 앞으로 쭉 빼고" 서 있는 모습을 묘사한다.
>
> / 존 스토트, 《로마서》, IVP, 311쪽

저는 어릴 적에 어머니가 시장을 다녀오시면 집 밖에서 기다렸습니다. 저를 늦은 나이에 낳으신 어머니는 저를 무척 사랑하셨습니다. 늘 시장에서 제가 좋아하는 것을 사오셨습니다. 그래서 저는 발돋움을 하면서 어머니를 고대했습니다. 우리는 사랑하는 가족이 모국을 방문하거나 여행을 하고 돌아오면 마중을 나갑니다. 비행기가 도착했다는 소식을 들으면 출구에 서서 기다립니다. 어린 자녀들은 발돋움을 하면서 엄마 아빠를 기다립니다. 때로는 할머니와 할아버지를 기다립니다.

왜 피조물들이 하나님의 아들들이 나타나는 것을 고대할까요? 여기서 하나님의 아들들은 누구일까요? 언제 나타난다는 말일까요? 하나님의 아들은 예수님을 믿고 하나님의 자녀가 된 우리들입니다. 곧 하나님의 상속자가 된 우리들입니다. 우리는 이미 하나님의 상속자가 되었지만 아직 고통을 받고 있습니다. 몸은 병들고, 노쇠하고, 썩어짐을 경험합니다. 병이 들면 탄식하게 됩니다. 하지만 예수님이 재림하게 되면 그리스도의 영광스러운 모습으로 부활하게 됩니다. 바로 그때 고통 중에 있는 피조물도 회복합니다. 바울은 피조물의 상태를 잘 설명해 줍니다.

> 피조물이 허무한 데 굴복하는 것은 자기 뜻이 아니요 오직 굴복하게 하시는 이로 말미암음이라 롬 8:20

피조물이 허무한 데 굴복하고 있습니다. 피조물이 허무하게 되었습니다. 허무하다는 것은 공허하다는 것입니다. 텅 빈 상태입니다. 허망하다는 것입니다. 허망하다는 것은 어이없고 허무한 것입니다. 그렇게 원하는 것을 얻었는데 그것을 얻고 보니 허망한 것입니다.

허무하다는 것은 존재의 의미를 상실한 것입니다. 아담의 다스림을 받던 피조물이 아담이 범죄한 후에 피조물도 아담과 함께 저주를 받게 되었습니다. 갑자기 주인을 잃어버린 집과 물건과 같이 되어 버린 것입니다.

바울은 피조물이 허무함을 경험하고 있다고 말합니다. 여기서 굴복하게 하시는 이는 하나님이십니다. 하나님이 피조물로 하여금 잠시 동안 허무함을 경험하게 하신 것입니다. 피조물이 허무한 데 굴복하지만 그것이 전부는 아닙니다. 그 이유는 하나님이 피조물에 대한 놀라운 계획을 가지고 계시기 때문입니다.

> 피조물은 허무하게 되었습니다 그렇게 된 것은 피조물이 원해서가 아니라 그렇게 하신 하나님의 뜻 때문이었습니다 하지만 소망은 있습니다 롬 8:20, 쉬운 성경

여기서의 "소망"은 무엇입니까? 잠시 동안 허무한 상태로 지내도록 하나님이 정하셨지만 때가 되면 썩어짐의 종노릇하는 데서 해방되어 하나님의 자녀들의 영광의 자유에 이르게 된다는 소망입니다.

> 그 바라는 것은 피조물도 썩어짐의 종노릇한 데서 해방되어 하나님의 자녀들의 영광의 자유에 이르는 것이니라 롬 8:21

우리는 예수님을 믿기 전에 죄와 사망과 마귀의 종노릇을 하면서 살았습니다. 그때는 허무한 것을 추구하며 살았습니다. 무엇인가를 잡은 것 같은데 나중에 보면 별 것이 아니었습니다. 그런데 예수님을 믿음으로 생명의 성령의 법을 통해 죄와 사망의 법에서 해방되

었습니다.

> 이는 그리스도 예수 안에 있는 생명의 성령의 법이 죄와 사망의 법에서
> 너를 해방하였음이라 롬 8:2

바울은 우리가 해방된 것처럼, 장차 피조물도 해방될 것이라고 말합니다. 해방된다는 것은 자유를 누리는 것입니다. 자유에 이르는 것입니다. 그런데 자유는 방종과 다릅니다. 자유는 절제된 삶을 사는 것입니다.

> "자유란 마땅히 행해야 할 것을 행하고,
> 마땅히 행하지 않아야 할 것을 행하지 않는 것이다." – 존 칼빈

그리스도인의 자유란 방탕한 삶이 아닙니다. 절제된 삶입니다. 섬기는 삶입니다. 부부의 진정한 자유는 서로를 섬기는 것입니다. 약속한 것을 성실하게 지키는 것입니다. 그리스도인의 자유란 그리스도를 높이는 것입니다. 하나님의 영광을 위해 사는 것입니다. 하나님이 우리 안에 담아 두신 재능과 은사와 잠재력을 발휘해서 하나님을 기쁘시게 해드리는 것입니다. 그리스도인의 자유는 의미를 추구하는 삶입니다.

예수님을 믿는 순간 우리는 허무가 아닌 의미를 추구하는 삶을 살게 됩니다. 예수님은 말씀이십니다. 말씀을 헬라어로 표현하면

"로고스"입니다. "로고스"에는 '의미'라는 뜻이 담겨 있습니다. 우리는 "말씀"이신 예수님을 믿는 순간에 "의미" 있는 삶을 살게 됩니다. 우리는 의미를 추구할 때 가장 행복하도록 만들어졌습니다. 의미 있는 목표를 추구할 때 가장 행복하도록 만들어졌습니다. 그런데 죄가 우리로 하여금 무의미한 삶을 살게 만들었습니다. 그 영향이 피조물에게까지 미친 것입니다. 바울은 피조물이 탄식하는 소리를 듣고 있습니다. 고통을 겪고 있는 것을 알고 있습니다.

> 피조물이 다 이제까지 함께 탄식하며 함께 고통을 겪고 있는 것을 우리가
> 아느니라 롬 8:22

피조물이 다 함께 탄식하며 고통을 겪고 있습니다. 지금 세계를 보십시오. 공기는 미세먼지로 가득 차 있습니다. 많은 땅과 바다가 오염되어 있습니다. 그런데 코로나 바이러스가 터지면서 자연은 오히려 안식을 취하고 있습니다. 아름다운 자연 세계를 파괴한 것은 인간입니다. 인간의 죄와 탐욕, 잘못된 욕망으로 생태계가 파괴되었습니다. 지구의 온난화는 갈수록 심해지고, 피조물들은 훼손되고 있습니다.

인간의 죄로 말미암아 피조물에게 저주가 임한 이후로 모든 피조물은 점점 더 쇠퇴하게 됩니다. 시간이 흐를수록 더욱 낡아지고 쇠퇴하고 썩게 됩니다. 우리 인간의 몸도 마찬가지입니다. 아무리 길어야 120세를 넘기기가 어렵습니다. 피조물만 탄식하는 것이 아님

니다. 구원을 받은 우리도 탄식하고 있습니다.

> 우리까지도 속으로 탄식하여 양자 될 것 곧 우리 몸의 속량을 기다리느니
> 라 롬 8:23하

그런데 바울은 피조물과 우리의 탄식과 고통을 절망으로 보지 않습니다. 오히려 희망으로 봅니다. 바울이 말한 "함께 고통을 겪고"라는 단어는 독특합니다.

> "'함께 고통을 겪고'라는 단어는 헬라어로 '쉬노디노'(synōdinō)입니다. 이 뜻은 '출산의 고통을 갖다'입니다. 곧 산통을 의미합니다."

산통은 고통스럽지만 소망을 품은 고통입니다. 조금 참으면 사랑스러운 아이가 태어납니다. 생명이 태어납니다. 산통을 참으면 놀라운 기쁨이 기다리고 있습니다. 예수님은 산통 후의 기쁨을 다음과 같이 말씀하십니다.

> 여자가 해산하게 되면 그때가 이르렀으므로 근심하나 아기를 낳으면 세
> 상에 사람 난 기쁨으로 말미암아 그 고통을 다시 기억하지 아니하느니라
> 요 16:21

아이를 낳은 어머니들은 이 말씀을 이해할 것입니다. 고통스러운

훈련을 통해 놀라운 성취를 이룬 후에는 훈련의 고통까지도 감사하게 됩니다. 그것이 아름다운 추억이 됩니다. 그 고난이 자랑거리가 됩니다. 그렇다면 피조물이 고대하는 때는 언제일까요? 그것은 예수님의 재림입니다. 예수님이 다시 오실 때 우리는 상상할 수 없는 영광을 누리게 됩니다. 여기에 거룩한 긴장이 있습니다. 우리는 이미 구원을 받았습니다. 하나님의 자녀가 되었습니다. 양자의 영을 받았습니다. 하나님의 상속자가 되었습니다. 그런데 아직 모든 것이 이루어진 것은 아닙니다. 우리는 이미 받았지만 아직 기다리는 것이 있습니다.

> 그뿐 아니라 또한 우리 곧 성령의 처음 익은 열매를 받은 우리까지도 속으로 탄식하여 양자 될 것 곧 우리 몸의 속량을 기다리느니라 롬 8:23

이 말씀에서 우리는 이미 성령의 처음 익은 열매를 받았습니다. 하지만 우리는 여전히 속으로 탄식하면서 양자 될 우리 몸의 속량을 기다리고 있습니다. 그 이유는 아직 우리 몸이 온전히 속량되지 않은 까닭입니다. 피조물이 병들고 아프고 쇠퇴하고 썩는 것처럼 우리 몸도 같은 경험을 하고 있습니다. 우리 안에 이미 부활하신 주님이 거하고 계십니다. 예수님을 죽은 자 가운데서 살리신 성령님이 함께하십니다. 하지만 아직 우리는 부활의 몸을 입지 못했습니다. 예수님이 오실 때에야 비로소 부활의 몸을 입게 됩니다.

바울은 우리가 장차 영광스러운 부활의 몸을 입고 예수님과 함께 나타날 것을 이야기하면서 "성령의 처음 익은 열매"에 대해 말합니다. 이것이 의미하는 것은 무엇일까요? 이것은 성령님의 보증을 의미합니다. 우리는 대추나무 열매 하나가 열리기 시작하는 것을 보면서 머지않아 대추나무에 수많은 열매가 맺힐 것을 압니다. 사과나무에 첫 열매가 열리기 시작하는 것을 보면서 후에 수많은 사과를 추수하게 될 것을 압니다. 처음 익은 열매는 그런 뜻입니다. 처음 익은 열매는 앞으로 맺게 될 모든 열매의 보증입니다. 성령의 처음 익은 열매를 받음으로 우리는 장차 누리게 될 보증을 받게 됩니다.

> 그 안에서 너희도 진리의 말씀 곧 너희의 구원의 복음을 듣고 그 안에서 또한 믿어 약속의 성령으로 인치심을 받았으니 이는 우리 기업의 보증이 되사 그 얻으신 것을 속량하시고 그의 영광을 찬송하게 하려 하심이라
> 엡 1:13-14

하나님은 예수님의 피로 우리를 사셨습니다. 그리고 성령님으로 인치셨습니다. 이것은 확실한 보증입니다. 이 보증은 우리가 장차 소유하게 될 하나님의 기업과 우리가 누리게 될 영광의 보증입니다. 지금 우리는 고통 중에 있습니다. 또한 피조물도 고통 중에 있습니다. 하지만 예수님의 십자가와 부활을 통해 우리는 예수님이 다시 오실 때 경험하게 될 놀라운 소망 속에서 살고 있습니다. 이미 얻었지만 아직 온전히 이룬 것은 아닙니다.

≫ 상속자는 소망하며 기도한다

바울은 로마서 8장 24-25절에서 우리가 조금 이해하기 어려운 이야기를 합니다. 소망에 대한 이야기입니다.

> 우리가 소망으로 구원을 얻었으매 보이는 소망이 소망이 아니니 보는 것
> 을 누가 바라리요 롬 8:24

우리는 소망으로 구원을 얻었습니다. 조너선 에드워즈는 이 소망을 믿음이라고 해석합니다. 우리는 소망 되시는 하나님을 믿음으로써 구원을 받은 것입니다. 믿음 자체가 바라는 것들의 실상입니다 (히 11:1). 믿음과 소망은 분리될 수 없습니다. 믿음은 바라는 것입니다. 믿는다면 소망하게 됩니다. 믿음과 소망과 사랑은 서로 연결되어 있습니다. 우리는 사랑하는 만큼 믿습니다. 믿는 만큼 사랑합니다. 사랑한다는 것은 바라보는 것입니다. 기대하는 것입니다. 있는 모습 그대로 사랑하면서 그 사랑하는 대상이 더욱 영광스럽게 될 것을 믿는 것이 참된 사랑입니다.

바울은 여기서 "보이는 소망이 소망이 아니니"라고 말합니다. 도대체 이 말씀은 무엇을 의미하는 것일까요? 이 말씀의 뜻은 이미 우리가 소망하는 것을 얻었다면 그것은 우리에게 더 이상 소망이 될 수 없다는 것입니다. 예를 들어, 아이 갖기를 원하던 부부가 아이를 잉태하고 출산까지 했습니다. 그렇다면 소망했던 자녀를 눈으

로 보게 된 것이므로 이제 아이 갖는 것은 소망이 아닙니다.

우리는 하나님의 상속자가 되었습니다. 예수님과 함께 영광을 받기 위해 고난을 받고 있습니다. 하지만 우리는 아직 하나님이 약속하신 영광에 이르지 못했습니다. 이르지 못했을 뿐 아니라 그 영광이 어떤 것인지 잘 알지 못합니다. 그런 까닭에 그 영광은 우리가 아직 보지 못하는 소망입니다. 그 영광을 소망한다면 우리는 참음으로 기다려야 합니다.

만일 우리가 보지 못하는 것을 바라면 참음으로 기다릴지니라 롬 8:25

초대 교회 성도들은 고난 중에 있었습니다. 그들은 오래 참아야 했습니다. 하지만 흔들리지 않았습니다. 왜냐하면 예수님의 재림을 믿었기 때문입니다. 예수님의 재림의 소망을 품었기 때문입니다. 예수님의 재림을 위해 기도했기 때문입니다. 그들은 예수님을 통해 마음에 천국을 소유했습니다. 하지만 그들은 장차 들어가고 경험할 천국을 바라며 참음으로 기다렸습니다. 사도 요한은 장차 재림하실 영광스러운 예수님의 모습을 보았습니다. 그 영광을 미리 본 사람으로서 고난받는 성도들을 위해 그 모습을 글로 기록하였습니다. 하지만 이러한 사도 요한도 고난 중에 있었습니다. 참음에 동참하고 있었습니다.

나 요한은 너희 형제요 예수의 환난과 나라와 참음에 동참하는 자라 하나

님의 말씀과 예수를 증언하였음으로 말미암아 밧모라 하는 섬에 있었더니 계 1:9

사도 요한은 참음에 동참하며 기다리는 중에 영광스러운 예수님을 보게 되었습니다. 더욱 놀라운 것은 구원받은 성도들과 모든 피조물이 어린양 예수님을 경배하는 광경입니다.

내가 또 들으니 하늘 위에와 땅 위에와 땅 아래와 바다 위에와 또 그 가운데 모든 피조물이 이르되 보좌에 앉으신 이와 어린양에게 찬송과 존귀와 영광과 권능을 세세토록 돌릴지어다 하니 네 생물이 이르되 아멘 하고 장로들은 엎드려 경배하더라 계 5:13-14

하늘 위에와 땅 위에와 땅 아래와 바다 위에와 또 그 가운데 모든 피조물이 보좌에 앉으신 어린양 예수님께 경배와 찬양을 드리고 있습니다. 그 이유는 예수님을 통해 모든 피조물이 회복된 까닭입니다. 출애굽 사건에서 어린양 예수님의 피가 발라져 있는 집의 장자와 가축의 처음 난 것이 구원을 받았습니다. 이것은 탄식하고 고통받는 피조물의 구원을 예표하는 것입니다. 하나님이 히브리 민족을 구원하신 후에 안식일에 대한 계명을 주십니다. 그 안식일에 그들의 자녀들뿐 아니라 남종이나 여종 그리고 가축과 손님까지도 안식하게 하십니다(출 20:10).

어린 양의 희생의 결과로 가축까지도 안식을 할 수 있게 되었습니다. 하나님은 또한 칠 년마다 땅을 쉬게 하셨습니다. 하나님은 어린 양의 희생으로 구원을 베푸실 때 가축과 땅까지도 안식하게 하셨습니다. 구약의 어린 양의 피는 짐승의 피였습니다. 반면에 신약에 오신 어린양 예수님은 하나님의 아들이십니다. 하나님의 아들의 피로 우리를 구원하신 것입니다. 또한 그 구원이 피조물에게까지 미치게 된 것입니다.

반려견을 사랑하는 사람들은 자신이 키우는 반려견도 예수님의 재림의 때에 부활하길 소원할 것입니다. 그때 함께 부활해서 예수님을 경배하는 날이 오기를 소망할 것입니다. 이사야는 예수님의 재림의 때에 모든 피조물이 어떻게 살게 될 것인가를 다음과 같이 기록하고 있습니다.

그때에 이리가 어린 양과 함께 살며 표범이 어린 염소와 함께 누우며 송아지와 어린 사자와 살진 짐승이 함께 있어 어린아이에게 끌리며 암소와 곰이 함께 먹으며 그것들의 새끼가 함께 엎드리며 사자가 소처럼 풀을 먹을 것이며 젖 먹는 아이가 독사의 구멍에서 장난하며 젖 뗀 어린아이가 독사의 굴에 손을 넣을 것이라 사 11:6-8

예수님의 재림의 때에는 모든 피조물이 조화를 이룹니다. 서로 죽이고 괴롭히는 것 없이 아름다운 조화를 이루며 살아갑니다. 더 이상 탄식도 없고 고통도 없습니다. 사실 피조물들은 허무한 데 굴복하고, 탄식과 고통을 하는 중에 있습니다. 하지만 그들은 하나님의 아들들이 나타날 바로 그날을 기다리고 있습니다. 그날은 예수님의 재림의 날입니다. 우리는 그날 예수님과 함께한 상속자로 부활의 몸을 입고 영광스러운 모습을 드러낼 것입니다. 또한 모든 피조물들은 예수님과 함께 나타난 우리를 보면서 함께 기뻐할 것이며, 하나님의 자녀들의 영광의 자유에 이르게 됩니다(롬 8:21). 바울은 이때가 되면 모든 것이 회복될 것이라고 말합니다.

"허무함은 사라지고 충만한 아름다움으로 가득 차게 될 것입니다."
"썩는 것은 사라지고 풍성한 생명으로 가득 차게 될 것입니다."
"탄식과 고통은 사라지고 넘치는 기쁨으로 가득 차게 될 것입니다."

요한계시록은 모든 것이 회복될 때 우리를 구속하시고 영광스럽게 하신 예수님이 경배를 받으실 것을 말씀합니다. 사도 요한과 바울은 영광스러움에 이르기 전에 기도할 것을 늘 부탁합니다. 예수님이 종말에 대해 말씀하실 때는 끝까지 견디라고 하셨습니다(마 24:13). 또한 기도하라고 하셨습니다(마 24:20). 초대 교회 성도들의 인사와 기도는 "마라나타"(marana tha)였습니다. 이 말은 고린도전서에 한 번 나옵니다.

우리 주여 오시옵소서 고전 16:22하

신약성경의 맨 마지막 책인 요한계시록은 다음과 같이 끝을 맺습니다.

아멘 주 예수여 오시옵소서 계 22:20

이 말씀은 환난과 고통 중에 있는 성도들이 함께 기도해야 할 간구입니다. 구원받은 성도들은 날마다 감사하며 살아야 합니다. 하지만 고난이 여전히 우리에게 있다는 사실을 부인할 수는 없습니다. 성도와 피조물의 고통은 산통과 같습니다. 눈앞에 있는 즐거움과 영광을 바라보며 고통스러워하는 것입니다. 우리가 할 일은 잘 견디는 것입니다. 즐거움 가운데 견디는 것입니다. 고난을 영광으로 알고 견디는 것입니다. 장차 하나님께서 그리스도와 함께 우리에게 베풀어 주실 영광을 바라보며 날마다 승리하기를 바랍니다.

현재의 고난은 장차 우리에게 나타날 영광과 비교할 수 없습니다. 우리가 소망으로 구원을 얻었으매 참음으로 기다려야 합니다.

고난은 진정한 자유함에 이르는 길이다.

고난을 통해 우리의 모든 가능성이 꽃을 피우고

열매를 맺게 된다.

Solid Confidence and Prayer

Part 2.

확신 기도는
역전의 승리를 거둔다

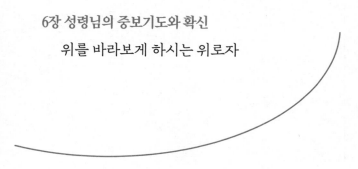

6장 성령님의 중보기도와 확신

위를 바라보게 하시는 위로자

로마서 8:26-27

≫ 확신은 우리를 움직이는 힘이다

우리를 움직이는 힘 중의 하나는 확신입니다. 올바른 확신이든 지, 그릇된 확신이든지 우리는 확신을 따라 살아갑니다. 하나님을 믿는 사람은 하나님이 살아 계시다는 확신을 갖고 삽니다. 반면에 하나님이 없다고 생각하는 사람은 하나님이 없다는 확신을 갖고 삽 니다.

바리새파 사람들은 부활이 있다고 믿고 확신했습니다. 반면에 사 두개파 사람들은 부활이 없다고 믿고 확신했습니다. 이처럼 누구든 지 어떤 믿음 혹은 어떤 확신을 갖고 살아갑니다. 가장 위험한 것은 잘못된 확신을 갖고 사는 것입니다. 잘못된 확신을 갖고 열심히 사는 것입니다.

잘못된 확신은 잘못된 지식에 근거할 수 있습니다. 잘못된 지식과 잘못된 확신을 갖고 있는 사람이 열심을 내면 아주 위험하게 됩니다. 사도 바울은 하나님께 열심이 있으나 올바른 지식을 갖지 못했던 유대인들에게 다음과 같이 말합니다.

> 내가 증언하노니 그들이 하나님께 열심이 있으나 올바른 지식을 따른 것이 아니니라 롬 10:2

하나님이 원하시는 확신은 올바른 지식을 겸비한 확신입니다. 로마서 8장은 구원의 확신에 관한 장입니다. 구원의 확신은 참으로 복된 확신입니다. 영원히 복을 누리는 확신입니다. 우리 생각과 마음과 태도와 행동을 움직일 수 있는 확신입니다. 하나님은 이런 복된 확신을 갖고 살기를 원하십니다. 그래서 로마서 8장을 선물해 주신 것입니다.

구원의 확신은 다양한 좋은 확신을 낳게 됩니다. 그중 하나가 기도의 확신입니다. 우리가 구원을 받게 되면 하나님의 자녀가 됩니다. 하나님의 자녀가 되면 하나님을 아버지라 부르게 됩니다. 또한 하나님 아버지께 기도하게 됩니다. 성경은 기도에 대해 아주 많이 이야기합니다. 기도의 약속과 기도 응답의 축복에 대해 아주 많이 이야기합니다. 하나님이 쓰신 인물들은 한결같이 기도의 사람들입니다.

기도의 사람들은 기도의 비밀을 알았습니다. 또한 기도하는 원리와 방법을 알았습니다. 바울은 로마서 8장에서 놀랍게도 하나님이 기도하신다는 사실에 대해 확신에 넘치는 증거를 하고 있습니다. 그는 성령님이 우리를 위해 중보기도를 드린다는 사실을 알았습니다. 또한 확신했습니다. 그는 예수님이 우리를 위해 중보기도를 드린다는 사실을 알았습니다. 로마서 8장 26-27절은 성령님이 우리를 위해 중보기도를 드린다는 말씀입니다. 짧지만 정말 놀라운 말씀입니다.

> 이와 같이 성령도 우리의 연약함을 도우시나니 우리는 마땅히 기도할 바를 알지 못하나 오직 성령이 말할 수 없는 탄식으로 우리를 위하여 친히 간구하시느니라 마음을 살피시는 이가 성령의 생각을 아시나니 이는 성령이 하나님의 뜻대로 성도를 위하여 간구하심이니라 롬 8:26-27

하나님이 이 말씀을 통해 우리에게 전하시고 싶은 메시지는 무엇일까요?

기도하시는 성령님을 아는 지식

성령님은 기도하시는 하나님이십니다. 우리는 성삼위 하나님을 믿습니다. 성부 하나님, 성자 예수님, 성령 하나님을 믿습니다. 바울은 성령님이 간구하신다는 표현을 두 번 사용합니다.

> 성령이 … 우리를 위하여 친히 간구하시느니라 롬 8:26하

> 성령이 하나님의 뜻대로 성도를 위하여 간구하심이니라 롬 8:27하

성령 하나님은 기도하시는 분입니다. 우리를 위해 기도해 주십니다. 우리를 대신해서 기도해 주십니다. 하나님은 기도하시는 하나님이십니다. 그렇다면 기도는 정말 중요한 것입니다. 천지를 창조하시고 주관하시고 섭리하시는 하나님이 친히 기도하신다면 기도는 참으로 중요한 것입니다. 기도의 세계는 하나님의 세계입니다. 영의 세계요 신비의 세계입니다. 초자연적인 세계이며, 초월적인 세계입니다. 불가능을 가능하게 하는 것이 기도입니다. 사람을 변화시키는 것이 기도입니다. 기도는 환경을 변화시키는 능력입니다. 사람들의 생각과 관점을 변화시키는 능력입니다. 우리 인생을 역전시키는 것이 기도입니다. 그렇다면 우리는 기도에 대한 관심을 가져야 합니다.

우리는 예배할 때 반드시 성삼위 하나님을 기억하며 예배를 드려

야 합니다. 우리는 성부 하나님께 예배합니다. 예수님께 예배합니다. 하지만 우리는 성령님께 예배하는 것을 망각할 때가 있습니다. 성령님은 우리의 예배를 받기에 합당하신 하나님입니다. 예수님은 성령님으로 잉태하여 이 땅에 태어나셨습니다. 하나님 아버지께서 성령님을 예수님께 부어 주심으로 예수님은 성령님과 함께 사역하셨습니다. 또한 예수님은 부활 승천하시면서 성령님을 제자들에게 보내 주실 것을 약속하셨습니다.

예수님은 약속을 지키셨습니다. 부활 승천하신 후에 약속하신 성령님을 아버지께 받아 제자들에게 부어 주셨습니다.

> 하나님이 오른손으로 예수를 높이시매 그가 약속하신 성령을 아버지께 받아서 너희가 보고 듣는 이것을 부어 주셨느니라 행 2:33

예수님을 믿을 때 하나님은 우리 안에 성령님을 선물로 보내 주셨습니다. 가장 소중한 선물은 성령님입니다. 가장 좋은 것은 성령님입니다. 성령님 안에 우리에게 필요한 모든 것이 담겨 있습니다.

> 베드로가 이르되 너희가 회개하여 각각 예수 그리스도의 이름으로 세례를 받고 죄 사함을 받으라 그리하면 성령의 선물을 받으리니 행 2:38

바울은 로마서 8장에서 성령님이 우리 안에 거하신다는 사실을 강조합니다. 성령님이 우리 안에 거하시기 때문에 하나님을 아빠 아버지라 부를 수 있습니다. 성령님이 우리 안에 계셔서 우리의 영과 더불어 우리가 하나님의 자녀임을 증거해 주십니다.

> 너희는 다시 무서워하는 종의 영을 받지 아니하고 양자의 영을 받았으므로 우리가 아빠 아버지라고 부르짖느니라 성령이 친히 우리의 영과 더불어 우리가 하나님의 자녀인 것을 증언하시나니 롬 8:15-16

성령님의 내주하심에 대한 확신과 경험은 성령님이 우리 안에 거하고 계심을 인식하는 것입니다. 인식하는 순간 놀라운 일들이 전개됩니다. 성령님이 우리 안에 거하심을 깨달으십시오. 우리가 하나님을 아빠 아버지라 부르고 있다면 그것은 성령님이 우리 안에 거하시는 증거임을 믿으십시오. 우리가 하나님의 자녀라는 사실이 믿어진다면 성령님이 우리 안에 거하시는 증거임을 확신하십시오. 중요한 것은 이 사실을 거듭 기억하는 것입니다. 기억한다는 것은 다시 경험하는 것입니다.

우리의 대적인 사탄은 자꾸 성령님이 우리 안에 거하고 계신다는 사실을 망각하게 만듭니다. 의심을 불어넣습니다. 그 의심을 밀어내는 방법은 거듭 하나님의 말씀으로 돌아가는 것입니다. 믿음은 말씀에서 나옵니다. 또한 믿음의 공동체 안에서 생활할 때 우리 믿음의 불이 더욱 타오릅니다.

성령님은 우리 안에 계십니다. 또한 우리 곁에 계십니다. 성령님은 헬라어로 "파라클레토스"(parakletos)라고 하는데, 이 뜻은 '우리 곁에서 우리를 도와주는 분'입니다. 이 단어는 "파라"(para)라는 단어와 "클레토스"(kletos)라는 단어의 합성어입니다. "파라"는 '우리 곁에서, 아주 가까이 곁에서'라는 뜻입니다. "클레토스"는 '부르다, 위로하다, 변호하다, 간구하다, 탄원하다'라는 뜻입니다.

'성령님이 우리 가까이 곁에 계시다'라는 뜻은 우리가 도움이 필요할 때 언제든지 도울 수 있다는 것을 의미합니다. 성령님이 너무 멀리 계시면 우리에게 급한 일이 생겨도 도움을 요청할 수가 없고, 성령님이 우리를 도우러 급히 오실 수도 없습니다. 아무리 우리를 사랑하는 분이라 할지라도 멀리 떨어져 있으면 우리의 도움이 될 수가 없습니다.

"파라클레토스", 즉 성령님은 우리 곁에서 우리를 위로해 주시는 분입니다. 우리를 위해 간구해 주시는 분입니다. 우리를 변호해 주시는 분입니다. 우리의 문제를 상담해 주시는 분입니다. 때로는 훈계해 주시는 분입니다. 우리의 잘못을 바로잡아 올바른 길로 인도해 주시는 분입니다. 정말 우리는 놀라운 분을 모신 것입니다. 그분을 모셨다면 그분을 인정하고 환영해 드려야 합니다. 그때 비로소 그분은 우리의 도움이 되실 수 있습니다.

어떤 아들이 있습니다. 그런데 아버지가 돌아가신 후 어머니가 재혼하셔서 새아버지를 맞이하게 되었습니다. 아들은 새아버지와 함께 살게 되었습니다. 그동안 돌아가신 아버지와 살던 집에 새아버지가 들어오게 된 것입니다. 이 아버지는 아주 훌륭한 분입니다. 지혜로운 분입니다. 능력이 있는 분입니다. 문제는 아들이 새아버지와 함께 살면서도 아버지로 인정하지 않는 것입니다. 그런 까닭에 새아버지는 아들을 도울 수가 없습니다. 아버지와 살면서도 아버지의 존재를 인정하지 않기 때문입니다. 그러던 어느 날 아들이 큰 어려움에 직면하게 되었고, 새아버지의 도움이 필요했습니다. 아들은 새아버지를 만나 도움을 요청했습니다. 그리고 새아버지의 존재를 인정했습니다. 그 순간부터 모든 것이 달라졌습니다.

예수님을 믿는 순간 우리는 예수님을 영접하게 됩니다. 그때 성령님이 우리 안에 함께 들어오십니다. 우리는 하나님을 새아버지로 맞이하게 되었습니다. 문제는 우리가 새아버지가 되시는 하나님 아버지에 대해 너무 무지하다는 것입니다. 이미 우리 마음의 집에 거하시는 예수님과 성령님에 대해 너무 무지하다는 것입니다. 특별히 성령님을 환영하고 인정하고 예배하고 도움을 부탁하지 않는 것입니다. 바울은 이 사실을 깨우쳐 주고 싶었습니다. 그가 깨우쳐 주고 싶은 진리는 성령님이 우리 안에 거하고 계시다는 사실입니다. 성령님이 우리를 위해 대신 기도하고 계시다는 사실입니다. 또한 성령님은 우리에게 간구의 영을 부어 주심으로 기도하도록 도와주신다는 사실입니다.

> 내가 다윗의 집과 예루살렘 주민에게 은총과 간구하는 심령을 부어 주리니 슥 12:10상

사탄이 제일 싫어하고 두려워하는 것이 "기도"입니다. 그래서 틈

만 나면 우리의 기도를 방해합니다. 사탄은 우리를 기도하지 못하도록 안락하게 만듭니다. 편안하게 만듭니다. 쾌락에 몰입하게 만듭니다. 사탄은 성경 읽는 것과 암송하는 것과 묵상하는 것도 싫어합니다. 무엇보다 성경을 붙잡고 성령님을 의지해서 기도하는 것을 가장 싫어합니다. 사탄이 싫어하는 이유는 기도할 때 하나님이 가장 기뻐하시기 때문입니다.

성령님은 우리의 탄식을 듣고 계신다

이와 같이 성령도 우리의 연약함을 도우시나니 우리는 마땅히 기도할 바를 알지 못하나 오직 성령이 말할 수 없는 탄식으로 우리를 위하여 친히 간구하시느니라 롬 8:26

말씀 가운데 "이와 같이"는 무엇을 의미하는 것일까요? 로마서 8장 1-25절까지를 자세히 보면 성령님이 이미 우리의 연약함을 돕고 계신 것을 보게 됩니다. 성령님이 피조물의 탄식을 듣고 계신 것을 보게 됩니다. 로마서 8장 3절에서 바울은 "연약"이라는 단어를 사용합니다.

율법이 육신으로 말미암아 연약하여 할 수 없는 그것을 하나님은 하시나니 롬 8:3

또한 "고난"이라는 단어를 사용하고 있습니다. 우리를 연약하게 만드는 것이 고난입니다. 탄식하게 만드는 것도 고난입니다.

> 우리가 그와 함께 영광을 받기 위하여 고난도 함께 받아야 할 것이니라
> 롬 8:17하

바울은 우리의 연약함뿐만 아니라 피조물의 탄식과 고통에 대해서도 이야기합니다.

> 피조물이 다 이제까지 함께 탄식하며 함께 고통을 겪고 있는 것을 우리가
> 아느니라 롬 8:22

성령님은 이미 우리의 연약함과 고난과 고통을 아시고 도와주십니다. 이와 같이 도우시는 성령님이 다시 우리의 연약함을 도와주신다고 말씀합니다. 우리가 너무 연약하여 마땅히 기도할 바를 알지 못할 때 성령님의 탄식으로 우리를 위해 친히 간구해 주신다고 말씀합니다.

하나님은 우리가 연약한 존재임을 아십니다. 성령님은 분명히 우리의 연약함을 도와주시는 분입니다. 우리의 강함을 도와주시는 것이 아니라 우리의 약함을 도와주십니다. 다시 말해 우리가 강할 때 도와주시는 것이 아니라 약할 때 도와주십니다. 그것도 기도할 수조차 없을 만큼 약해져 있을 때 도와주십니다. 그렇다면 성령님은

우리의 연약함을 어떤 방법으로 도와주실까요?

첫째, 성령님은 위로를 통해 우리의 연약함을 도와주십니다.

우리가 무너져 내릴 때 우리에게 필요한 것은 위로입니다. 위로는 우리의 슬픈 마음을 어루만져 주는 것입니다. 위로는 충고가 아닙니다. 위로는 우리가 슬플 때 함께 슬퍼해 주는 것입니다. 얼마나 슬프냐고 함께 아파해 주는 것입니다. 충고는 쉽습니다. 그것은 우리의 부족한 점을 지적해 주는 것이기 때문입니다. 우리는 연약합니다. 우리 인생은 힘듭니다. 우리에게 충고가 필요할 때가 있습니다. 하지만 우리가 연약해지면 충고가 아니라 위로가 필요합니다.

성령님은 위로자이십니다. 우리 눈물을 씻어 주시고, 닦아 주시는 분입니다. 성령님은 고난 중에 있는 사람을 위로해 주십니다. 바울은 고난에 대해 이야기합니다. 그는 고난 예찬론자가 아닙니다. 고난을 이야기할 때 고난 중에 위로하시는 하나님을 찬양합니다.

> 찬송하리로다 그는 우리 주 예수 그리스도의 하나님이시요 자비의 아버지시요 모든 위로의 하나님이시며 우리의 모든 환난 중에서 우리를 위로하사 우리로 하여금 하나님께 받는 위로로써 모든 환난 중에 있는 자들을 능히 위로하게 하시는 이시로다 고후 1:3-4

고난이 아무리 힘들어도 위로가 있으면 견디게 됩니다. 견뎌야 할 때는 견뎌야 합니다. 고난은 폭풍우처럼 몰아칩니다. 폭풍우가 몰아치면 우리는 폭풍우가 지나갈 때까지 기다려야 합니다. 환난의 때에는 견디고 또 견뎌야 합니다. 그때 필요한 것이 위로입니다.

> 이 위로가 너희 속에 역사하여 우리가 받는 것 같은 고난을 너희도 견디
> 게 하느니라 고후 1:6하

고난을 견디기 위해서는 힘이 필요합니다. 그 힘을 공급해 주는 것이 위로입니다. 조봉희 목사님은 《위로, 위를 바라보게 하는 힘》이라는 책에서 위로라는 단어를 잘 설명해 줍니다.

■ '위로하다'는 뜻의 'comfort'는 '옆에 와서'라는 의미의 라틴어 'com'과 '힘을 실어 주다'는 의미의 'fortis'가 합해진 말로, '옆에서 힘을 실어 준 다'는 뜻입니다. 즉, 누군가를 위로한다는 것은 단순히 슬픔을 달래 주 는 소극적 행위가 아니라, 기운을 불어넣고 힘이 솟아나게 하는 적극 적인 행위입니다.

/ 조봉희, 《위로, 위를 바라보게 하는 힘》, 교회성장연구소, 14쪽

조봉희 목사님은 "위로란 위를 바라보게 하는 힘이다."라고 말씀합니다. 정말 좋은 정의입니다. 성령님은 우리로 하여금 위를 바라보게 하십니다. 하나님을 앙망하게 하십니다. 그리함으로 하나님이 주시는 힘으로 고난을 견디고 승리하게 하십니다.

둘째, 성령님은 고난의 의미를 깨닫게 하심으로 우리의 연약함을 도와주십니다.

고난은 힘듭니다. 고난이 정말 힘든 것은 고난의 의미를 잘 모르기 때문입니다. 고난은 우리를 깨뜨립니다. 고난으로 인해 부서지는 것을 경험할 때 너무나 아픕니다. 너무나 고통스럽습니다. 때로는 주위 사람들에게 부끄럽기도 합니다. 욥이 고난을 받을 때 수치스러울 정도였습니다. 사람들이 욥의 하나님을 의심할 정도였습니다. 욥의 신앙과 하나님을 향한 확신을 의심할 정도였습니다.

고난은 다양한 문제로 다가옵니다. 질병으로, 파산으로, 상실로, 갈등으로, 이혼으로, 오해와 비난으로 찾아옵니다. 때로는 한꺼번에 다양한 문제가 몰려옵니다. 그때는 정말 정신이 없습니다. 두렵고 우울하고 절망스럽습니다. 그때 우리는 정말 약해집니다. 마음도 약해지고, 몸도 약해집니다. 믿음이 흔들리기도 합니다. 신앙도 약해집니다. 기도할 의욕도 상실해 버리게 됩니다. 냉소주의에 빠지게 됩니다. 냉소주의란 다 소용없다는 생각입니다. '그렇게 열심히 주님을 위해 일했는데, 그토록 헌신적으로 섬겼는데, 왜 이토록 모진 고난이 찾아왔을까?'라고 생각하게 됩니다. '내가 얼마나 잘해 주고 은혜를 베풀었는데 배신할 수 있을까?'라고 생각하게 됩니다. 이제는 마음의 문을 닫고 살겠다고 결심하게 됩니다. 그러나 그것은 좋은 생각이 아닙니다.

고난은 누구에게나 찾아옵니다. 중요한 것은 고난을 어떻게 이해하고 반응하고 수용하느냐입니다. 고난을 낭비하지 않도록 해야 합니다. 고난을 낭비하는 것은 정말 안타까운 일입니다. 고난을 잘만 선용하면 놀라운 역전을 경험하게 됩니다. 성령님이 어떻게 고난의 의미를 깨닫도록 도와주실까요? 성경을 통해 깨닫게 하십니다. 예수님의 고난을 통해 고난의 의미를 깨닫게 하십니다.

고난의 십자가는 하나님의 지혜와 능력입니다. 고난의 십자가는 하나님의 사랑의 십자가입니다. 하나님은 예수님의 고난을 통해 우리를 구원하셨습니다. 그런 까닭에 성경은 고난이 찾아왔을 때 고난을 기뻐하고 환영하라고 말씀합니다.

> 내 형제들아 너희가 여러 가지 시험을 당하거든 온전히 기쁘게 여기라 이는 너희 믿음의 시련이 인내를 만들어 내는 줄 너희가 앎이라 인내를 온전히 이루라 이는 너희로 온전하고 구비하여 조금도 부족함이 없게 하려 함이라 약 1:2-4

고난은 고통입니다. 우리는 고통을 싫어합니다. 하지만 한센병 환자들을 섬겼던 폴 브랜드 박사는 고통이 하나님의 최고의 선물이라고 말합니다.

> "고통을 지어 내신 하나님께 감사한다. 나는 하나님이 그보다 더 좋은 일을 하실 수 있었으리라고는 생각하지 않는다." – 폴 브랜드

한센병 환자는 고통을 감지하는 감각을 잃어버렸습니다. 어떤 면에서 고통은 우리가 살아 있다는 증거가 됩니다. 고통을 통해서 우리는 위험을 감지합니다. 고통을 통해서 우리는 더욱 성장하고 성

숙합니다.

셋째, 성령님은 우리의 연약함을 선용하게 하심으로 우리를 도와 주십니다.

성령님은 우리의 연약함을 통해 역사하십니다. 우리의 연약함을 하나님의 손에 맡기면 하나님은 놀라운 일을 이루십니다. 무엇이든지 하나님의 손에 올려놓으면 하나님은 그것을 통해 놀라운 기적을 일으키십니다. 우리의 연약함은 마치 오병이어처럼 보잘것없어 보입니다. 하지만 하나님의 손에 들어가면 놀라운 일들이 일어납니다.

연약함은 사랑을 끌어오는 신비로운 힘이다

연약함은 신비입니다. 연약하면 사랑을 받게 됩니다. 반면에 강하면 공격을 받게 됩니다. 연약하면 사랑을 끌어옵니다. 도움을 끌어옵니다. 연약함의 역설적인 힘입니다. 고난을 받으면 연약해집니다. 그때 우리는 고난 중에 연약해진 사람에게 더욱 관심을 갖게 되고, 사랑을 베풀게 됩니다.

조니 에릭슨 타다는 1967년 여름, 다이빙을 하다 목이 부러져 어깨 아래로 전신이 마비되는 불의의 사고를 당했습니다. 절망 속에 살던 중 그녀는 하나님의 도우심으로 입으로 그림을 그리기 시작했습니다. 하나님은 연약해진 조니를 통해 놀라운 일을 이루고 계십니다. 수많은 사람들에게 소망을 주고 있습니다. 장애를 가진 이들에게 소망을 주고 있습니다. 그녀는 자신의 힘으로 아무것도 할 수 없다고 말합니다.

"내가 도움이 필요함은 언제나 분명하다. 날마다 눈을 떠 보면 아파 누워 있는 상태이며 누군가 와서 옷을 입혀 주길 기다려야 한다. 나는 혼자서는 머리도 빗을 수 없고 코를 풀 수조차 없다." – 조니 에릭슨 타다

하지만 하나님은 이 연약한 조니에게 풍성한 사랑을 부어 주셨습니다. 좋은 남편을 만나게 하셨고 풍성한 사랑을 받을 뿐만 아니라 수많은 사람들에게 사랑을 베푸는 여성 사역자가 되게 하셨습니다.

연약함을 통해 우리는 겸손하고 온유해진다

가장 위험한 마음은 차가운 마음입니다. 딱딱한 마음입니다. 완고한 마음입니다. 완악한 마음입니다. 교만한 마음입니다. 가장 좋은 마음은 겸손한 마음입니다. 온유한 마음입니다. 사랑의 특성은 온유함과 겸손함에 있습니다.

사랑은 오래 참고 사랑은 온유하며 시기하지 아니하며 사랑은 자랑하지 아니하며 교만하지 아니하며 고전 13:4

이사야는 하나님이 붙드시는 종에게 성령님을 주셨다고 말합니다. 그의 모습이 온유합니다. 외치거나 목소리를 높이지 않습니다. 또한 긍휼이 많습니다. 상한 갈대를 꺾지 않고 꺼져 가는 등불을 끄

지 않습니다. 진실로 정의를 시행하는 종입니다.

> 내가 붙드는 나의 종, 내 마음에 기뻐하는 자 곧 내가 택한 사람을 보라 내
> 가 나의 영을 그에게 주었은즉 그가 이방에 정의를 베풀리라 그는 외치지
> 아니하며 목소리를 높이지 아니하며 그 소리를 거리에 들리게 하지 아니
> 하며 상한 갈대를 꺾지 아니하며 꺼져 가는 등불을 끄지 아니하고 진실로
> 정의를 시행할 것이며 사 42:1-3

강하고 딱딱한 것은 부러질 수 있습니다. 하지만 약하고 부드러
운 것은 유연합니다. 그래서 강한 것보다 부드럽고 따뜻한 것이 오
래갑니다.

연약함은 풍성한 열매를 맺게 하는 하나님 나라의 원리다

우리는 연약할 때 더욱 친밀해집니다. 강하면 혼자 일하려고 합
니다. 스스로 모든 것을 이루려고 합니다. 또한 강하면 싸우게 됩니
다. 힘을 과시하게 됩니다. 반면에 약하면 서로를 의지하게 됩니다.
서로를 필요로 하게 됩니다. 연합하게 됩니다. 하나가 됩니다. 친밀
한 사랑을 나누게 됩니다.

> 나는 포도나무요 너희는 가지라 그가 내 안에, 내가 그 안에 거하면 사람
> 이 열매를 많이 맺나니 나를 떠나서는 너희가 아무것도 할 수 없음이라
> 요 15:5

우리가 연약할 때 예수님과 연합하게 되면 우리는 풍성한 열매를 맺게 됩니다. 유능하면 성공할 수 있습니다. 하지만 때로는 그 성공 때문에 성품이 교만해지고, 눈이 어두워져 인생이 망가지게 됩니다. 하나님이 찾으시는 것은 세상적인 성공보다 아름답고 풍성한 열매입니다. 그 열매는 포도나무 되시는 예수님과 연합할 때 맺게 됩니다. 우리가 너무 연약해서 수동태가 될 때 오히려 풍성한 열매를 맺게 됩니다.

연약함 위에 그리스도의 능력이 임한다

하나님의 능력은 연약함 위에 임합니다. 어떤 사람이 능력이 많다고 과시한다면 그 사람에게는 하나님이 능력을 부어 주실 필요가 없습니다. 하나님의 능력은 연약함 위에, 연약한 사람 위에 임합니다.

"하나님은 하나님을 의지하기에 충분히 연약한 자를 사용하신다."

– 허드슨 테일러

십자가는 연약한 곳입니다. 깨어진 곳입니다. 예수님이 연약해서 끌려가고 못 박히고 죽임을 당한 곳입니다. 그곳에 죽음을 물리치고 다시 살아나게 하시는 성령님의 능력이 임했습니다. 바울은 약할 때 그리스도의 능력이 머문다고 말합니다.

나에게 이르시기를 내 은혜가 네게 족하도다 이는 내 능력이 약한 데서 온전하여짐이라 하신지라 그러므로 도리어 크게 기뻐함으로 나의 여러 약한 것들에 대하여 자랑하리니 이는 그리스도의 능력이 내게 머물게 하려 함이라 그러므로 내가 그리스도를 위하여 약한 것들과 능욕과 궁핍과 박해와 곤고를 기뻐하노니 이는 내가 약한 그때에 강함이라 고후 12:9-10

내가 이런 사람을 위하여 자랑하겠으나 나를 위하여는 약한 것들 외에 자랑하지 아니하리라 고후 12:5

연약함의 역설입니다. 약한 자가 가장 강합니다. 왜냐하면 그 위에 그리스도의 능력이 머물기 때문입니다. 예수님과 연합하고, 예수님의 능력이 함께하는 사람은 어느 누구도 쓰러뜨릴 수 없습니다.

"하나님은 스스로 강하다고 생각하는 교만한 사람을 물리치십니다."
"하나님은 스스로 연약하다고 생각하는 겸손한 사람을 붙들어 주십니다."

하나님이 붙들어 주시는 연약한 사람은 어떤 고난도 쓰러뜨릴 수 없습니다. 그런 까닭에 우리는 연약함을 통해 참된 강함에 이르게 됩니다.

"나를 파괴시키지 않는 것은 나를 더욱 강하게 만들어 준다." – 존 퍼킨스

참된 강함이란 힘을 조절할 줄 아는 절제에 있습니다. 자신의 힘을 과시하는 것이 아니라 늘 하나님을 의지하는 것입니다. 참된 강함이란 육의 힘을 빼고 성령님의 능력을 의지하는 것입니다. 참된 강함이란 무모하게 힘을 낭비하지 않는 것입니다. 참된 강함이란 긍휼을 겸비한 능력입니다. 참된 강함이란 하나님의 뜻을 이루는 일에 헌신하는 능력입니다.

≫ 나의 욕심이 아니라 하나님의 뜻을 구하는 기도

마음을 살피시는 이가 성령의 생각을 아시나니 이는 성령이 하나님의 뜻대로 성도를 위하여 간구하심이니라 롬 8:27

마음을 살피시는 분은 하나님 아버지이십니다. 하나님 아버지는 성령님의 생각을 아십니다. 또한 성령님은 하나님 아버지의 생각을 아십니다. 하나님 아버지의 뜻을 아십니다. 성령님은 우리를 위해 기도해 주실 때 하나님의 뜻을 따라 간구해 주십니다. 우리 삶 속에 하나님의 뜻이 이루어지도록 간구해 주십니다.

우리는 기도의 중요성을 압니다. 하지만 기도를 잘하지는 못합니다. 연약함 때문입니다. 사탄의 방해를 물리치지 못해서입니다. 우리는 기도할 때 하나님의 뜻보다 우리 욕심을 따라 기도할 때가 많습니다. 하나님의 뜻을 잘 모르고 기도할 때가 많습니다. 우리는 먼저 기도하기를 힘써야 합니다. 간구하지 않고 받을 수는 없습니다. 하나님은 구하는 자에게 주시는 분입니다. 우리가 구하기 전에 이미 아시는 하나님이시지만, 구하는 자에게 주십니다. 이것이 하나님 나라의 원리입니다.

> 구하라 그리하면 너희에게 주실 것이요 찾으라 그리하면 찾아낼 것이요 문을 두드리라 그리하면 너희에게 열릴 것이니 마 7:7

하나님은 우리 욕심을 채워 주시는 분이 아닙니다. 하나님은 우리의 필요를 채워 주시는 분입니다.

> 너희가 얻지 못함은 구하지 아니하기 때문이요 구하여도 받지 못함은 정욕으로 쓰려고 잘못 구하기 때문이라 약 4:2하-3

성령님은 우리의 욕심이 이루어지도록 중보기도를 하는 분이 아닙니다. 우리 안에 하나님의 뜻이 이루어지도록 중보기도를 하시는 분입니다. 또한 우리로 하여금 하나님의 뜻을 분별하도록 도와주십니다. 우리 욕심을 내려놓고 하나님의 뜻을 추구하도록 도와주십니다. 우리를 향하신 하나님의 뜻을 아시는 분은 오직 성령님뿐입니다. 그 이유는 성령님이 하나님의 깊은 것까지 통달하시는 분이기 때문입니다.

오직 하나님이 성령으로 이것을 우리에게 보이셨으니 성령은 모든 것 곧
하나님의 깊은 것까지도 통달하시느니라 고전 2:10

하나님은 성령님의 기도를 통해 우리가 원하는 것보다 우리에게
필요한 것을 주십니다. 우리가 원하는 것이 우리가 필요한 것은 아
닙니다. 때로는 우리가 원하는 것이 우리를 망가뜨릴 수 있습니다.
그런 까닭에 하나님은 우리가 원하는 것을 주지 않으시고, 대신 우
리에게 필요한 것을 주십니다.

우리가 원했던 사람이 우리 인생을 어렵게 할 수 있습니다. 반대
로 우리가 원하지 않았지만 필요한 사람을 만날 때 삶이 풍요로워
집니다. 우리에게 필요한 사람은 하나님의 뜻을 함께 이룰 수 있는
사람입니다. 바울은 하나님의 뜻이 얼마나 아름답고 복된 것인지
아는 사람이었습니다. 그는 우리가 이 세대를 본받거나 세상을 따
라 살게 되면 하나님의 뜻을 분별할 수 없다는 사실을 알았습니다.
그래서 마음을 새롭게 하라고 말합니다. 마음을 새롭게 함으로 하
나님의 뜻을 분별하라고 권면합니다.

너희는 이 세대를 본받지 말고 오직 마음을 새롭게 함으로 변화를 받아
하나님의 선하시고 기뻐하시고 온전하신 뜻이 무엇인지 분별하도록 하
라 롬 12:2

하나님의 뜻은 선합니다. 하나님의 뜻은 기쁨입니다. 하나님의

뜻은 온전합니다. 성령님은 하나님의 뜻을 따라 우리를 위해 기도하시기 때문에 성령님의 중보기도는 반드시 응답을 받습니다. 우리를 유익하게 합니다. 우리를 복되게 합니다. 우리 미래를 아름답게 만듭니다. 풍성한 삶을 살도록 도와주십니다. 우리 삶 속에 하나님의 뜻이 이루어지는 것보다 더 좋은 것은 없습니다.

우리에게 성령님을 허락해 주신 하나님 아버지와 예수님을 찬양합니다. 또한 우리 안에서 우리를 위해, 또한 우리를 대신해서 말할 수 없는 탄식으로 중보기도 해주시는 성령님을 찬양합니다. 말할 수 없는 탄식으로 기도하신다는 뜻은 애절한 마음, 간절한 마음으로 우리를 위해 기도해 주시는 것을 의미합니다.

우리가 기도할 수 있는 것은 성령님이 우리 안에 간구하는 심령을 주시기 때문입니다. 우리가 기도할 수 있는 것은 성령님이 우리 마음에 기도하고 싶은 마음을 주시기 때문입니다. 하나님은 모든 것을 기도로 움직이십니다. 성령님의 도움을 받아 하나님의 뜻을 분별하십시오. 하나님의 뜻을 따라 구하십시오. 하나님 아버지께 성령님 안에서 예수님의 이름으로 간구하십시오. 또한 성령님이 우리를 위해 중보기도 해주시도록 부탁하십시오. 성령님의 도움을 늘 받도록 하십시오. 그리함으로 하나님의 뜻을 이루시는 생애가 되기를 바랍니다.

성령이 우리의 연약함을 도우십니다. 우
리는 마땅히 기도할 바를 알지 못하나 오
직 성령이 말할 수 없는 탄식으로 우리를
위하여 친히 간구하십니다.

7장 하나님의 섭리에 대한 확신과 기도
우리 삶을 인도하시는 하나님의 드라마

로마서 8:28

≫ 하나님의 섭리는 신비롭다

로마서 8장 28절은 제가 늘 붙잡고 사는 하나님의 약속의 말씀입니다. 모든 말씀을 사랑하지만 이 말씀을 특별히 더 사랑합니다.

우리가 알거니와 하나님을 사랑하는 자 곧 그의 뜻대로 부르심을 입은 자들에게는 모든 것이 합력하여 선을 이루느니라 롬 8:28

제가 이 말씀을 붙잡았을 때 이 말씀도 저를 붙잡아 주었습니다. 특별히 어려운 일을 만날 때면 이 말씀이 제 안에서 역사했습니다.

쓰러졌을 때 저를 일으켜 세웠습니다. 제가 슬퍼할 때 슬픔을 달래 주었습니다. 억울할 때 억울해할 필요 없다고 마음을 다독여 주었습니다. 너무 연약해져서 낙심할 때 연약해도 괜찮다고 말해 주었습니다.

로마서 8장 28절은 하나님의 섭리에 대한 말씀입니다. 하나님이 우리 삶 속에서 일어나는 모든 사건을 합력해서 선을 이루신다는 것입니다. 섭리라는 단어가 성경에는 없습니다. 하지만 우리는 하나님의 섭리를 믿습니다.

"섭리란 하나님이 그분의 지혜와 능력으로 인류 역사를 주관하시는 것을 의미합니다."
"섭리란 하나님이 그분의 지혜와 능력으로 우리의 삶을 주관하시는 것을 의미합니다."
"섭리란 하나님이 그분의 지혜와 능력으로 하나님의 뜻을 이루는 것을 의미합니다."

하나님의 섭리는 은밀한 중에 이루어집니다. 신비롭게 이루어집니다. 하나님의 섭리가 신비로운 것은 우리 삶 속에 일어나는 모든 일을 통해 전개되기 때문입니다. 하나님의 섭리는 섭리적 사건, 섭리적 만남, 섭리적 고난, 섭리적 경험, 그리고 섭리적 개입을 통해 이루어집니다. 하나님은 정말 "모든 것"을 합력하여 선을 이루십니다.

하나님의 섭리는 하나님이 우리 삶의 모든 것을 알고 계시고 붙잡고 계시다는 것을 의미합니다. 예수님은 참새 한 마리도 하나님께서 허락하지 아니하시면 땅에 떨어지지 아니한다고 말씀하십니다. 우리의 머리털까지 다 세신 바 되었다고 말씀하십니다(마 10:29-30). 하나님은 우리 삶 속에서 일어나는 모든 것을 알고 계십니다. 또한 모든 것을 섭리하고 계십니다. 그 말씀이 로마서 8장 28절에 담겨 있습니다.

하나님의 섭리에 대한 믿음과 확신

우리가 알거니와 하나님을 사랑하는 자 곧 그의 뜻대로 부르심을 입은 자들에게는 모든 것이 합력하여 선을 이루느니라 롬 8:28

"우리가 알거니와"라는 표현은 정말 견고한 확신입니다. 바울의 "안다"는 표현은 "믿는다"는 표현보다 더 강력하기 때문입니다. "안다"는 것은 경험적으로 안다는 것을 의미합니다. "믿는다"는 것은 보지 않고 믿는 것입니다. 보이지 않는 것을 믿는 것입니다. 그러므로 믿음은 대단한 것입니다. 우리는 예수님을 믿습니다. 예수님을 육체적으로 뵌 적은 없지만 그를 믿고 사랑합니다.

예수를 너희가 보지 못하였으나 사랑하는도다 이제도 보지 못하나 믿고

말할 수 없는 영광스러운 즐거움으로 기뻐하니 믿음의 결국 곧 영혼의 구원을 받음이라 벧전 1:8-9

이것이 하나님이 우리에게 심어 주신 믿음입니다. 보지 못하는 예수님을 사랑합니다. 말할 수 없는 영광스러운 즐거움으로 기뻐합니다. 우리는 예수님을 늘 사랑하고 기뻐하고 갈망하고 예배합니다. 어떤 사람은 하나님을 보여 주면 믿겠다고 말합니다. 본다고 믿는 것이 아닙니다. 믿어야 보이는 것입니다. 그리스도인은 믿음으로 행하는 사람이지 보이는 것으로 행하는 사람이 아닙니다.

이는 우리가 믿음으로 행하고 보는 것으로 행하지 아니함이로라 고후 5:7

바울은 오직 의인은 믿음으로 산다고 선포합니다. 보는 것으로 사는 것이 아니고 보는 것으로 행하는 것이 아닙니다. 믿음은 보이는 차원보다 더 깊고 더 높고 신비한 차원입니다. 믿음의 세계는 신비의 세계입니다. 보이기 때문에 믿는 것이 아니라 믿기 때문에 보게 됩니다. 어떤 사람들은 날마다 보고도 믿지 못합니다. 하나님의 영광과 기적은 날마다 매 순간 우리 앞에서 전개됩니다. 하나님은 자연 속에 살아 역사하십니다. 또한 우리 숨결 속에 살아 역사하십니다. 우리가 숨 쉬는 것은 기적입니다.

하나님을 믿는 사람은 눈에 보이는 것과 보이지 않는 모든 것을 통해 하나님을 봅니다. 믿음의 사람은 믿음으로 하나님의 영광을 보는 사람입니다. 믿음이 먼저이고, 보는 것이 나중입니다. 요한복음 11장에서 예수님은 죽어서 나흘이 된 나사로의 무덤을 찾아가십니다. 사람들에게 "돌을 옮겨 놓으라"고 명하십니다. 나사로의 누이 마르다가 예수님의 말씀에 "주여 죽은 지가 나흘이 되었으매 벌써 냄새가 나나이다"(요 11:39)라고 반응합니다. 마르다의 말을 들으신 예수님이 아주 소중한 영적 진리를 말씀해 주십니다.

> 예수께서 이르시되 내 말이 네가 믿으면 하나님의 영광을 보리라 하지 아니하였느냐 하시니 요 11:40

믿음은 정말 놀라운 능력입니다. 믿음은 하나님의 선물입니다. 믿음의 가장 강력한 표현이 있습니다. 그것은 안다는 것입니다. 즉 경험적으로 아는 것입니다. 바울은 "내가 알거니와"라고 말하지 않고 "우리가 알거니와"라고 말합니다. 우리 모든 그리스도인들이 경험하고 알고 있는 것이 하나님의 섭리라는 것입니다. 무엇을 안다는 것입니까? 하나님이 모든 것을 합력하여 선을 이루신다는 것을 안다는 것입니다. 하나님이 모든 것을 합력하여 선을 이룬다는 확신을 갖고 있는 사람은 어떤 상황에서도 견고하게 설 수 있습니다.

물론 삶 속에서 이해할 수 없는 고통스러운 사건들을 만나면 우리는 당황하게 됩니다. 잠시 흔들리게 됩니다. 하지만 섭리에 대한 지식과 믿음과 확신을 가지면 잠시 당황하고 잠시 흔들릴 수는 있어도 아주 흔들리지는 않습니다. 하나님의 섭리는 우리 삶을 인도하시는 하나님의 드라마입니다.

바울이 로마서를 쓸 때 그는 하나님의 섭리를 수없이 경험했습니다. 그는 고난의 사람이었습니다. 그는 시련의 사람이었습니다. 그는 역경의 사람이었습니다. 그는 배신을 당했습니다. 버림을 받았습니다. 거절을 당했습니다. 고소를 당했습니다. 미움을 받았습니다. 많이 아팠습니다. 그는 약했습니다. 그런데 하나님은 그를 통해 놀라운 일을 이루셨습니다. 그는 자신의 삶 속에서 모든 것들이 합력하여 선을 이루는 것을 경험했습니다. 그래서 아주 확신에 차서 로마서 8장 28절을 기록했습니다. 그는 자신뿐만 아니라 자신의 동역자들과 예수님을 믿는 사람들의 삶 속에서 하나님의 섭리를 보고 경험했기 때문에 "우리가 알거니와"라고 선언할 수 있었던 것입니다.

우리가 어려운 일을 만나면 하나님의 섭리를 잘 깨닫지 못합니다. 그 이유는 하나님은 은밀히 행하시는 하나님이신 까닭입니다. 그래서 하나님의 구체적인 진모를 잘 알지 못합니다. 하나님의 섭리는 서서히 드러납니다. 또한 우리 생애를 돌이켜 보면 비로소 알게 됩니다.

요셉이 형제들에게 미움을 받아 애굽에 팔려 갈 때 그에게 일어난 사건을 이해할 수 없었습니다. 그가 보디발의 아내의 유혹을 물리쳤을 때 그가 섬기던 주인의 버림을 받아 감옥에 들어갔습니다. 그때 그는 자신에게 일어나는 일들을 이해할 수 없었습니다. 하지만 나중에 국무총리가 되고 7년 풍년이 지나고 7년 흉년이 시작되어 그의 형제들을 만났을 때 비로소 하나님의 섭리를 깨닫게 됩니다. 하나님의 섭리란 하나님의 뜻이 이루어지는 것입니다. 하나님의 궁극적인 목적이 이루어지는 것입니다. 요셉이 자기를 미워하여 은 20에 판 형제들을 만났을 때 형제들에게 하나님의 섭리를 고백합니다. 요셉의 언어 속에는 하나님으로 충만합니다.

> 당신들이 나를 이곳에 팔았다고 해서 근심하지 마소서 한탄하지 마소서 하나님이 생명을 구원하시려고 나를 당신들보다 먼저 보내셨나이다
> 창 45:5

> 하나님이 큰 구원으로 당신들의 생명을 보존하고 당신들의 후손을 세상에 두시려고 나를 당신들보다 먼저 보내셨나니 창 45:7

> 그런즉 나를 이리로 보낸 이는 당신들이 아니요 하나님이시라 하나님이 나를 바로에게 아버지로 삼으시고 그 온 집의 주로 삼으시며 애굽 온 땅의 통치자로 삼으셨나이다 창 45:8

요셉은 모든 일이 하나님 때문에 일어났다고 말합니다. 그의 형제들의 잘못까지도 하나님의 섭리임을 믿고 있습니다. 요셉은 아버지 야곱이 돌아가신 후 그를 찾아와 용서를 구하는 형제들을 보자웁니다. 그들에게 두려워하지 말라고 말합니다. 그리고 아주 중요한 말을 합니다. 로마서 8장 28절에 대한 요셉의 선포입니다.

당신들은 나를 해하려 하였으나 하나님은 그것을 선으로 바꾸사 오늘과 같이 많은 백성의 생명을 구원하게 하시려 하셨나니 창 50:20

하나님은 요셉의 형제들의 질투와 미움과 악함과 실수를 모두 합력하여 선을 이루셨습니다. 쇠렌 키르케고르는 우리에게 하나님의 섭리를 깨닫기 위해서는 지나온 과거를 돌이켜 보라고 권면합니다.

"인생은 앞으로 나아가며 살 수밖에 없다. 그러나 인생은 뒤로 돌아볼 때에만 이해할 수 있다." – 쇠렌 키르케고르

우리는 계속해서 앞으로 나아가야 합니다. 하지만 때때로 멈추어 뒤를 돌아볼 필요가 있습니다. 그때 우리는 인생에서 하나님이 함께하셨음을 이해할 수 있습니다.

"우리는 하나님이 우리를 데리고 가시는 우회로들을 이해하지 못합니다. 그러나 나중에는 우리에게 그 우회로들이 필요했었다는 사실을 알게 됩니다." – 폴 투르니에

우리의 과거가 하나님의 손길 안에 있었다는 것을 이해하는 순간, 그 과거는 새롭게 이해되고 새롭게 태어납니다. 그때 우리는 누구에 대한 원망도, 불만도, 원한도 갖지 않게 됩니다. 모든 것을 이해하면 모든 사람을 용서하게 됩니다. 때로는 용서하는 것이 쉽지

않고 고통스럽게 느껴질지라도 가능하게 됩니다.

누가 하나님의 뜻대로 부르심을 입은 자들인가?

우리가 알거니와 하나님을 사랑하는 자 곧 그의 뜻대로 부르심을 입은 자들에게는 모든 것이 합력하여 선을 이루느니라 롬 8:28

바울은 하나님의 섭리가 특별히 하나님을 사랑하는 자를 위해 이루어진다고 말씀합니다. 하나님은 모든 것을 주관하십니다. 우리는 하나님의 주권을 믿습니다. 다윗은 하나님의 주권을 경험한 사람입니다. 하나님의 주권이란 하나님께 모든 것이 속해 있다는 것입니다. 하나님이 모든 것을 주관하신다는 것입니다. 하나님이 그분의 거룩한 뜻 안에서 모든 것을 주관하신다는 것입니다.

여호와여 위대하심과 권능과 영광과 승리와 위엄이 다 주께 속하였사오니 천지에 있는 것이 다 주의 것이로소이다 여호와여 주권도 주께 속하였사오니 주는 높으사 만물의 머리이심이니이다 대상 29:11

부와 귀가 주께로 말미암고 또 주는 만물의 주재가 되사 손에 권세와 능력이 있사오니 모든 사람을 크게 하심과 강하게 하심이 주의 손에 있나이다 대상 29:12

하나님의 절대 주권을 믿을 때 우리는 하나님의 절대 섭리를 믿을 수 있습니다. 그런데 하나님의 섭리는 하나님을 사랑하는 사람, 하나님의 뜻대로 부르심을 입은 자들을 위해 나타납니다. 그렇다면 하나님을 사랑하는 사람은 누구일까요? 누가 하나님을 사랑할 수 있을까요? 누가 하나님의 뜻대로 부르심을 입은 자들일까요?

첫째, 예수님을 믿을 때 하나님의 사랑을 받은 자녀가 됩니다.

우리가 하나님을 사랑한다는 것은 정말 아름다운 일입니다. 우리가 존재하는 가장 소중한 목적은 하나님을 사랑하는 것입니다. 하나님을 사랑한다는 것은 하나님을 기쁘시게 하는 것입니다. 우리가 하나님을 사랑하기 위해서는 먼저 하나님의 사랑을 알고 경험해야 합니다. 우리가 하나님의 사랑을 먼저 받고 경험해야 합니다.

하나님은 그분을 사랑하도록 강요하는 분이 아닙니다. 먼저 우리를 사랑하심으로써 우리로 하여금 하나님을 사랑하게 만드시는 분입니다.

> 사랑은 여기 있으니 우리가 하나님을 사랑한 것이 아니요 하나님이 우리를 사랑하사 우리 죄를 속하기 위하여 화목 제물로 그 아들을 보내셨음이라 요일 4:10

둘째, 하나님의 사랑을 깨달을 때 하나님을 사랑하게 됩니다.

은혜 중의 은혜는 깨달음의 은혜입니다. 깨달음은 열림입니다. 눈이 열리고 귀가 열리는 것입니다. 우리는 예수님을 믿고 하나님의 자녀가 되었습니다. 하나님의 상속자가 되었습니다. 본래 우리는 죄인이었습니다. 죄의 종이었고, 마귀의 노예였습니다. 하나님의 진노의 자녀였습니다. 그런데 예수님이 어느 날 우리를 찾아오셨습니다. 우리에게 사랑을 부어 주셨습니다.

바울은 하나님이 언제부터 우리를 사랑하셨는지에 대해 로마서 5장에서 말씀합니다. 하나님의 사랑의 시제입니다. 우리가 연약할 때(롬 5:6), 우리가 죄인 되었을 때, 우리가 하나님과 원수 되었을 때 하나님이 우리를 사랑하셨다고 말씀합니다.

> 우리가 아직 죄인 되었을 때에 그리스도께서 우리를 위하여 죽으심으로 하나님께서 우리에 대한 자기의 사랑을 확증하셨느니라 롬 5:8

> 곧 우리가 원수 되었을 때에 그의 아들의 죽으심으로 말미암아 하나님과 화목하게 되었은즉 롬 5:10상

셋째, 하나님은 우리를 사랑하시고 그의 뜻대로 부르셨습니다.

우리는 하나님의 사랑을 받은 자입니다. 또한 하나님의 부름을 받은 자입니다. 하나님의 부름을 받았다는 것은 하나님의 뜻대로 부름을 받은 것입니다. 또한 하나님의 뜻을 이루기 위해 부름을 받은 것입니다. 부름을 받았다는 것은 선택을 받은 것입니다. 우리가 하나님을 선택한 것이 아니라 하나님이 은혜로 우리를 선택하신 것입니다. 그리함으로 하나님의 뜻을 이루게 하신 것입니다.

너희가 나를 택한 것이 아니요 내가 너희를 택하여 세웠나니 이는 너희로 가서 열매를 맺게 하고 또 너희 열매가 항상 있게 하여 내 이름으로 아버지께 무엇을 구하든지 다 받게 하려 함이라 요 15:16

우리는 하나님의 사랑을 받은 사람들입니다. 우리는 하나님의 부름을 받은 사람들입니다. 우리는 하나님의 선택을 받은 사람들입니다. 하나님은 그분의 뜻을 우리를 통해, 우리와 함께 이루시기 위해 선택하셨습니다.

넷째, 성령님을 통해 하나님의 사랑을 부어 주심으로 하나님을 사랑하게 하십니다.

사실 우리는 하나님을 사랑하지 못할 때가 많습니다. 우리를 그토록 사랑하신 하나님을 사랑해야 하는데, 그러지 못할 때가 많습니다. 하나님은 우리의 연약함을 아십니다. 그래서 성령님을 통해 하나님의 사랑을 부어 주십니다. 하나님의 사랑을 부어 주심으로 하나님을 사랑하게 하십니다.

소망이 우리를 부끄럽게 하지 아니함은 우리에게 주신 성령으로 말미암아 하나님의 사랑이 우리 마음에 부은 바 됨이니 롬 5:5

모든 것이 하나님의 은혜입니다. 우리가 예수님을 믿게 된 것도, 하나님의 선택을 받은 것도, 하나님의 사랑을 받게 된 것도 오직 은혜입니다. 또한 우리는 완악한 사람들이었습니다. 창기처럼 추한 사람들이었습니다. 그런데 예수님이 우리를 신부로 삼으셨습니다. 우리를 거룩하게 만드셨습니다. 의의 옷을 입혀 주셨습니다. 하나님은 우리를 부끄러워하지 않으십니다. 성령님을 보내 주셔서 하나님의 사랑을 부어 주셨습니다. 그리함으로 창기와 같은 우리가 하나님을 사랑하게 되었습니다. 하나님의 부르심을 받아 하나님의 구속 드라마, 하나님의 섭리 드라마의 일꾼이 된 것입니다.

하나님의 모든 섭리는 우리를 이롭게 한다

> 우리가 알거니와 하나님을 사랑하는 자 곧 그의 뜻대로 부르심을 입은 자들에게는 모든 것이 합력하여 선을 이루느니라 롬 8:28

하나님은 모든 것이 합력하여 선을 이루도록 도와주십니다. 이것이 섭리입니다. 하나님의 섭리는 우리 삶 속에 일어나는 모든 것을 통해 선을 이루십니다. 선을 이루신다는 것은 우리를 유익하게 해주신다는 것을 의미합니다. 여기서 바울이 말하는 모든 것은 정말 모든 것입니다. 우리가 경험하게 되는 고난, 시련, 고통, 상처, 배신, 버림받음, 질병, 상실과 같은 모든 것을 합력하여 선을 이루십니다.

하나님이 말씀하신 모든 것 속에는 우리가 생각할 때 중요한 일뿐 아니라 아주 사소한 것까지도 포함됩니다. 우리가 경험한 모든 사건과 모든 배움과 모든 만남이 다 포함되어 있습니다. 하나님의 섭리에 대한 고전적인 책을 쓴 존 플라벨은 다음과 같이 기록합니다.

모든 섭리의 결과는 성도를 이롭게 한다. 섭리는 성도를 위해 모든 것을 이룬다. 우리는 종종 하나님의 섭리를 섣불리 판단하고 불평불만을 쏟아낸다. 곤경과 시련에 처할 때면 우리는 흔히 "모든 상황이 내게 불리해"라고 생각한다. 하지만 하나님의 섭리는 성도의 진정한 유익과 행복을 거스르는 일을 하지 않으신다.

/ 존 플라벨, 《하나님의 섭리》, 규장, 23쪽

바울이 특별히 모든 것이라고 말할 때는 성도가 경험하는 고난을 마음에 두고 쓴 것이 분명합니다(롬 8:17-18). 고난은 우리가 살아가면서 가장 이해하기 힘든 것입니다. 고난을 통과하고 있는 동안에는 고난의 비밀을 잘 알지 못합니다. 고난 속에 감춰진 하나님의 은밀한 뜻을 잘 깨닫지 못합니다. 나중에 세월이 흐른 후에 고난을 통한 하나님의 섭리를 깨닫게 됩니다.

하나님의 섭리가 중요한 이유

첫째, 하나님은 섭리를 통해 우리를 보호하시고 다스리십니다.

섭리 속에는 하나님의 보호와 통치가 함께합니다. 바울은 죽을 고비를 수없이 넘겼습니다. 하지만 하나님의 기막힌 섭리를 통해 보호를 받았습니다. 요셉의 생애 전반부를 보면 죽음의 위기에 처할 때가 여러 번 있었습니다. 형제들이 그를 구덩이에 던졌을 때 그는 죽을 수도 있었습니다. 다행히 그 구덩이 안에는 물이 없었습니다. 또한 애굽에 팔려 갔을 때 보디발의 집에서 보호를 받았습니다. 감옥에 들어갔을 때 좋은 간수장을 만남으로 보호를 받았습니다. 다니엘이 바벨론 포로로 끌려갔을 때 환관장이 그를 보호해 주었습니다.

에스더는 또 어떻습니까? 에스더서에는 하나님의 이름이 한 번도 나오지 않습니다. 그런데 우리는 에스더의 삶을 통해 하나님의 섭리의 손길을 보게 됩니다. 하나님이 자기 백성을 보호하시기 위해 에스더가 왕후가 되게 하십니다. 모르드개로 하여금 왕을 죽이려는 음모를 발견하게 하셨습니다. 그 사실이 궁중일기에 기록됩니다. 왕이 모르드개에게 바로 상을 내리지 않고 그 사실을 잊어버립니다. 하만이 유대인들을 진멸하려는 음모를 꾸밉니다. 모르드개를 죽이기 위해 장대를 세웁니다. 하지만 하나님은 그의 음모를 통해 역전의 드라마를 섭리하십니다. 하나님은 어느 날 밤에 아하수에로 왕으로 하여금 잠이 오지 않게 하십니다. 궁중일기를 읽는 중에 모르드개가 자기를 죽음의 위기에서 건져 낸 것을 기억하고 상을 내리게 됩니다. 그 과정에서 하나님은 하만이 모르드개를 죽이려고 준비한 장대에 하만이 죽임을 당하게 섭리하십니다.

왕을 모신 내시 중에 하르보나가 왕에게 아뢰되 왕을 위하여 충성된 말로 고발한 모르드개를 달고자 하여 하만이 높이가 오십 규빗 되는 나무를 준비하였는데 이제 그 나무가 하만의 집에 섰나이다 왕이 이르되 하만을 그 나무에 달라 하매 모르드개를 매달려고 한 나무에 하만을 다니 왕의 노가 그치니라 에 7:9-10

우리는 하나님께서 에스더와 모르드개를 통해 유대인들을 구원하신 것을 알고 있습니다. 하나님의 섭리는 아주 드라마틱합니다. 특별히 하나님의 섭리적인 개입은 인간의 한계선 상에서 나타납니다. 하나님은 벼랑 끝에서 놀라운 역사를 이루십니다. 모든 것을 반전시키고 역전시키십니다.

우리의 현재의 삶과 모습은 하나님의 섭리의 결과입니다. 하나님은 그분의 섭리를 통해 우리를 보호해 주셨습니다. 우리를 지켜 주셨습니다. 여기까지 인도해 주셨습니다. 지난날들을 돌이켜 생각해 보십시오. 하나님의 도움이 없었다면 우리는 죽어도 여러 번 죽었을 것입니다. 다윗이 요나단과 작별 인사를 하면서 나눈 고백은 사실입니다.

나와 죽음의 사이는 한 걸음뿐이니라 삼상 20:3하

우리와 죽음의 사이는 한 걸음뿐입니다. 저는 여러 번 죽을 고비를 넘겼습니다. 초등학생 때 혼자서 해변가에 나가 물놀이를 한 적이 있었습니다. 저는 수영을 배우지 못했지만 해수욕장에 가고 싶었습니다. 해변가에는 상점이 있었습니다. 상점 아래로 계단이 있고 계단과 해변이 연결되어 있었습니다. 저는 수영을 하지 못했기 때문에 계단에서 물놀이를 하고 있었습니다. 그런데 갑자기 밀물이 들어오면서 바닷물에 휩싸여 허우적거렸습니다. 어린 나이지만 '아, 이제 내가 죽는구나.'라는 생각을 했습니다. 물속에 여러 번 들어갔다 나왔다 하는 중에 점점 바닷속으로 깊이 들어가는 듯했습니다. 그런데 어떤 사람이 바닷속에 뛰어들어 저를 건져 주었습니다. 저를 건져 낸 사람은 바로 제 곁에서 사라졌습니다.

얼마 후 정신을 차린 저는 얼굴이 노랗게 되어 집으로 돌아왔습니다. 정말 죽을 뻔한 그 순간을 잊을 수가 없었습니다. 또 그 사실을 부모님께 알릴 수도 없었습니다. 저는 이제 와서 알게 됩니다. 하나님이 바로 그때 한 사람을 보내어 저를 건져 내어 주셨다는 것을 말입니다. 이런 일이 한 번만 있었던 것이 아닙니다. 위기의 순간에 하나님은 저의 기도를 들어주셨습니다. 우리 어머니와 제 아내와 성도들의 기도를 들어주셨습니다. 그리함으로 제가 말씀을 전하고 있습니다.

둘째, 하나님의 섭리를 믿는 사람은 고난을 낭비하지 않게 됩니다.

지혜로운 사람은 고난을 낭비하지 않습니다. 고난을 낭비하지 않는다는 것은 무엇입니까? 우리에게 고통을 준 사람들을 원망하거나 복수심을 품고 살지 않는다는 것을 의미합니다. 하나님의 섭리를 믿으면 인생을 큰 그림으로 보게 됩니다. 하나님의 안목에서 보게 됩니다. 저는 성경을 공부하면서 그런 안목을 갖게 되었습니다.

특히 하나님의 사람들의 생애를 연구하면서 갖게 되었습니다.

여기서 요셉의 이야기를 하지 않을 수가 없습니다. 제가 거듭 요셉을 이야기하는 까닭은 요셉이 예수님의 모습을 보여 준 인물이기 때문입니다. 요셉은 고난의 때에 원망하지 않았습니다. 고난의 때를 배움의 기회로 여겼습니다. 그는 머무는 곳에서 최선을 다했습니다. 그는 고난에 뜻이 있다고 믿었습니다. 그는 고난에 의미를 부여했습니다. 그는 고통을 준 형제보다 하나님이 주신 꿈을 생각했습니다. 하나님은 요셉의 형제들의 미움을 통해 요셉을 국무총리의 자리에 오르게 하십니다. 만민의 생명을 구원하게 하십니다.

다윗을 생각해 보십시오. 사울 왕이 그를 죽이려고 했습니다. 그를 거의 13년 동안 괴롭혔습니다. 하지만 그는 고난의 때를 낭비하지 않았습니다. 고난의 때에 그와 함께한 사람들을 용사로 만들었습니다. 장차 그가 왕이 될 때를 준비했습니다. 그는 사울 왕을 죽일 기회가 있었지만 죽이지 않았습니다. 그는 하나님의 때를 기다렸습니다. 하나님의 섭리를 믿는다는 것은 하나님의 때를 믿는다는 것입니다. 하나님의 때를 믿는 사람은 하나님의 때를 인간적인 방법으로 앞당기려고 하지 않습니다.

하나님의 섭리를 믿는 사람은 고난의 때에도 감사합니다. 하나님이 고난을 통해 놀라운 일을 이루실 것을 기대합니다. 그래서 고난을 잘 견딥니다. 힘든 일이 생겼을 때에도 하나님이 합력하여 선을 이루실 것을 믿고 인내합니다. 항상 기뻐하고 범사에 감사합니다.

하나님께 존귀하게 쓰임받은 사람들은 한결같이 로마서 8장 28

절을 붙잡고 살았습니다. 그중 한 사람을 소개하고 싶습니다. 버나드 길핀이라는 복음 전도자입니다.

■ 그는 기뻐하는 삶을 산다고 명성이 자자하였으며 자기가 아는 사람들에게 로마서 8장 28절을 즐겨 인용한다고 알려져 있었다. 마르틴 루터가 종교개혁에 불을 붙인 1517년에 태어난 길핀은 영국의 위대한 복음 전도자로서 특히 영국 내 오지에서 활동하였다. 그에게는 "북부의 사도"라는 별명이 붙어 있었지만, 그의 교구민들은 그를 로마서 8장 28절의 사람이라고 불렀다.

어느 날, 그는 여행을 하다가 사고를 당해 다리가 부러지고 말았다. 이를 본 어떤 사람이 이 부러진 다리도 그에게 선이 되리라고 생각하는지 비아냥거리며 물었다. 그러자 길핀은 힘이 넘치는 목소리로 이렇게 대답했다. "물론이오. 모든 일이 다 그러니까."

그런데 정말 그렇게 되었다. 다리가 부러지는 바람에 런던에 가는 여정이 늦어졌다. 마침 런던에서는 "피의 여왕" 메리가 길핀이 설교한 내용을 빌미로 그를 재판정에 세우기로 결정한 터였다. 길핀이 회복하여 여행을 계속할 수 있게 되었을 즈음, 메리가 죽었다는 소식이 들려왔다. 길핀은 순교할 찰나에 생명을 건졌다. 그는 그 뒤로 26년을 더 살면서 새로 얻은 자유를 주님을 섬기는 데 바쳤다.

/ 로버트 모건, 《절망을 뒤집는 하나님의 새끼손가락》, 국제제자훈련원, 78-79쪽

셋째, 하나님은 기도를 통해 하나님의 섭리를 이루십니다.

하나님은 모든 것을 합력하여 선을 이루십니다. 모든 것 속에 우리의 기도가 들어 있습니다. 하나님은 스스로 모든 일을 이루실 수 있는 분입니다. 하지만 하나님은 우리와 협력하여 하나님의 섭리를 이루십니다.

"하나님의 섭리는 보호, 다스림, 그리고 협력으로 이루어집니다."

하나님의 섭리는 운명론이나 숙명론이 아닙니다. 모든 것이 다 정해져 있기 때문에 노력해도 소용없다는 것이 운명론입니다. 운명론 속에 빠진 사람들은 자포자기합니다. 노력이나 훈련의 중요성을 알지 못합니다. 하나님은 요셉을 국무총리로 세워 만민의 생명을 구원하시기로 선택하셨습니다. 그 선택은 요셉이 아무것도 하지 않아도 된다는 것을 의미하지 않습니다. 요셉은 하나님의 섭리에 적극적으로 협력했습니다. 그는 보디발의 집에서 성심껏 일했습니다. 보디발의 아내의 유혹을 물리쳤습니다. 그는 감옥에 들어갔을 때에도 성심껏 섬겼습니다.

요셉은 바로 왕의 꿈을 해석해 주는 중에 하나님이 7년 풍년과 7년 흉년을 계획하고 계신 것을 알았습니다. 하나님의 계획을 안 요셉이 한 일이 무엇입니까? 7년 흉년을 대비해서 7년 풍년의 때에 매년 수확한 곡식의 5분의 1을 저축했습니다. 그런 까닭에 그는 만민의 생명을 구원할 수 있었습니다. 왜 하나님이 7년 흉년을 예비하셨을까요? 7년 흉년이 있어야 요셉의 형제들이 곡식을 사러 애굽에 올 수 있기 때문입니다.

하나님의 더 큰 섭리는 요셉의 형제 가운데 유다의 후손으로 예수님을 이 땅에 보내시는 것이었습니다. 요셉은 형제들을 만났을 때 그들에게 복수하지 않았습니다. 그는 형제들을 용서했습니다. 잘 돌보아 주었습니다. 그는 하나님의 섭리를 깨달은 사람입니다. 그의 형제들이 그를 미워해서 애굽에 팔았기 때문에 국무총리가 되었고, 하나님의 꿈이 성취되었다는 것을 깨달았습니다. 하나님이 요셉에게 그의 아비 집의 일을 잊어버리라는 뜻에서 첫 아들의 이름을 므낫세로 짓게 하셨습니다. 그는 하나님의 뜻에 순종했습니다. 그리함으로 그는 하나님의 섭리를 이루었습니다.

하나님과 협력할 때 중요한 것은 기도입니다. 하나님의 섭리는 기도를 통해 이루어집니다. 하나님은 바울을 통해 이방인들을 구원하기 원하셨습니다. 또한 유럽에 복음 전하기를 원하셨습니다. 하나님의 교회를 세우기를 원하셨습니다. 하나님은 바울이 기도할 때 그의 기도를 통해 놀라운 섭리를 이루셨습니다. 바울은 빌립보 성에 갔을 때 기도하기 위해 기도처를 찾았습니다. 그는 기도하러 갔다가 자주 장사 루디아를 만나게 됩니다. 또한 점치는 여종을 만나게 됩니다. 점치는 여종 안에 역사하는 귀신을 쫓아내어 준 것 때문에 빌립보 감옥에 들어갑니다. 깊은 밤에 바울은 실라와 더불어 찬송하고 기도합니다. 그때 하나님이 옥터를 흔들어 매인 것이 풀려나게 합니다. 하지만 그는 감옥을 나가지 않았습니다. 바울은 하나님의 뜻을 알았습니다. 그 뜻은 영혼을 구원하는 것이었습니다. 바울은 간수장에게 복음을 전해 간수장의 온 가족이 예수님을 믿게 만듭니다. 그리함으로 빌립보교회가 세워지게 됩니다.

하나님의 섭리와 기도는 연결되어 있습니다. 우리는 어려운 일을 만났을 때 기도해야 합니다. 기도할 때 하나님이 개입하셔서 놀라운 하나님의 섭리를 드러내 주십니다. 앞에서 모르드개를 죽이려고 한 하만 이야기를 했습니다. 하만은 유대인을 진멸하려고 음모를 꾸몄습니다. 왕의 허락을 받아 조서가 나라 전역에 전달된 상황이었고, 유대인은 큰 위기에 처했습니다. 그때 에스더가 한 것이 기도입니다. 기도를 통해 위기를 기회로 만들었습니다.

> 당신은 가서 수산에 있는 유다인을 다 모으고 나를 위하여 금식하되 밤낮 삼 일을 먹지도 말고 마시지도 마소서 나도 나의 시녀와 더불어 이렇게 금식한 후에 규례를 어기고 왕에게 나아가리니 죽으면 죽으리이다 하니라 에 4:16

에스더의 기도를 통해 하나님의 섭리가 전개됩니다. 왕이 밤에 잠이 오지 않아 궁중일기를 읽습니다. 그러다가 잊고 있었던 모르드개에게 상을 내립니다. 에스더가 기도 후에 왕을 찾아갔을 때 왕의 눈에 에스더가 사랑스럽게 보였습니다. 하나님이 왕의 마음을 움직여 주신 것입니다. 결국 하나님의 백성들은 죽음의 파멸에서 구원을 받습니다. 하만의 자리에 모르드개가 오르게 됩니다. 하만의 모든 재산이 모르드개에게 속하게 됩니다. 역전의 드라마입니다. 우리는 하나님의 섭리를 믿습니다. 그런 까닭에 우리는 더욱 기도해야 합니다. 시편 116편을 쓴 시인은 하나님을 사랑했습니다. 하나님의 기도 응답을 믿었습니다.

> 여호와께서 내 음성과 내 간구를 들으시므로 내가 그를 사랑하는도다 그의 귀를 내게 기울이셨으므로 내가 평생에 기도하리로다 시 116:1-2

이 시는 다윗이 압살롬의 반역의 때에 쓴 시로 여겨집니다. 다윗은 하나님을 사랑했지만 그에게 모진 시련이 닥쳐왔습니다. 아들이 아버지인 다윗을 반역한 것입니다. 그는 왕좌를 내려놓고 피신을 떠납니다. 하지만 그는 자포자기하지 않고, 하나님께 기도합니다.

> 사망의 줄이 나를 두르고 스올의 고통이 내게 이르므로 내가 환난과 슬픔을 만났을 때에 내가 여호와의 이름으로 기도하기를 여호와여 주께 구하오니 내 영혼을 건지소서 하였도다 시 116:3-4

하나님은 다윗의 기도를 들으시고 모든 것을 회복시켜 주십니다. 다윗은 위험할 때 피신할 줄 알았습니다. 모든 것을 내려놓고 생존에 집중했습니다. 자존심을 버렸습니다. 맨발로 피신했습니다. 또한 그는 하나님과 협력했습니다. 우선 생존하는 데 최선을 다했습니다. 그리고 하나님께 도와 달라고 간구했습니다. 그는 하나님의 도움으로 회복되었습니다.

우리는 어떤 상황에서도 최선을 다하는 삶을 살아야 합니다. 우리가 해야 할 책임을 소홀히 해서는 안 됩니다. 하나님이 주신 지혜를 잘 활용해야 합니다. 위기에 처했을 때는 깊이 숙고할 줄 알아야 합니다.

> "하나님의 섭리는 우리의 책임을 약화시키지 않는다. 하나님의 섭리는 인간의 숙고와 조화를 이룬다." – 존 칼빈

≫ 하나님의 섭리의 절정, 예수님의 십자가

성경은 하나님의 드라마입니다. 하나님이 예수님을 통해 우리를 구원하시는 구원의 드라마입니다. 성경의 큰 그림을 보십시오. 그것은 하나님의 창조와 타락과 구원 그리고 예수님의 재림입니다. 하나님의 큰 그림의 절정은 십자가에서 우리를 구원하신 것입니다. 하나님은 예수님의 십자가의 죽으심과 부활을 위해 모든 것을 섭리하십니다.

십자가는 하나님의 섭리를 보여 줍니다. 역전의 드라마를 보여 줍니다. 모든 것을 합력하여 선을 이루십니다. 하나님이 말씀하시는 선은 죄인을 구원하시는 것입니다. 하나님의 궁극적인 목적은 예수님을 통해 인류를 구원하시는 것입니다. 그 일을 위해 심지어 사람들의 죄악까지 합력하여 십자가에서 구원의 역사를 이루셨습

니다.

　하나님은 악을 좋아하시는 분이 아닙니다. 죄를 좋아하시는 분이 아닙니다. 하지만 때로는 사람들의 악이나 죄까지도 활용해서 하나님의 목적을 이루십니다. 악을 사용하셔서 악을 죽이시고, 죄를 사용하셔서 죄를 죽이시고, 사망을 사용하셔서 사망을 죽이십니다. 악을 선으로 이기셨지만 악에 물들지 않으십니다. 오직 거룩하신 하나님만이 이런 일을 하실 수 있습니다.

　하나님은 십자가에서 죄인을 의인으로, 창기와 같은 우리를 예수님의 신부로 만드셨습니다. 십자가에서 마귀의 자녀 같은 우리를 하나님의 자녀로 만드셨습니다. 예수님과 함께 상속자로 만드셨습니다. 예수님은 이 놀라운 하나님의 섭리를 위해 기도하셨습니다. 모든 책임을 다하셨습니다. 신중하게 행동하셨습니다. 예수님이 하실 수 있고, 하셔야 할 모든 일을 행하셨습니다. 그리함으로 하나님 아버지는 모든 것을 합력하여 선을 이루셨습니다. 이 모든 이야기가 담긴 말씀이 로마서 8장 28절입니다.

　　우리가 알거니와 하나님을 사랑하는 자 곧 그의 뜻대로 부르심을 입은 자
　　들에게는 모든 것이 합력하여 선을 이루느니라 롬 8:28

　"합력하다"의 헬라어는 "쉰에르게오"(synergeo)입니다. 이 단어에서 우리가 자주 사용하는 "시너지"(synergy)라는 말이 나왔습니다. 이 말은 '…과 더불어 일하다'라는 뜻입니다. 모든 것이 합력할 때 더 큰

효과, 때로는 완전히 다른 효과를 만들어 낸다는 것을 의미합니다.

하나님이 합력하여 선을 이루시면 더 큰 효과뿐만 아니라 완전히 다른 효과를 만들어 내십니다. 그 일은 죄인을 구원하신 후에 예수님의 형상을 닮게 만든 것입니다.

> 하나님이 미리 아신 자들을 또한 그 아들의 형상을 본받게 하기 위하여 미리 정하셨으니 이는 그로 많은 형제 중에서 맏아들이 되게 하려 하심이니라 롬 8:29

우리는 하나님의 섭리를 믿는 사람들입니다. 하나님은 그 모든 것을 합력해서 선을 이루십니다. 하나님의 섭리를 믿는 우리는 어떤 일을 만났을 때 조급한 판단을 하지 않도록 조심해야 합니다. 하나님이 끝났다고 말씀하시기 전까지는 끝난 것이 아닙니다. 더욱 놀라운 사실은 하나님의 섭리는 벼랑 끝에서 더욱 빛을 발한다는 것입니다. 그러므로 우리는 고난 중에도 거룩한 기대를 가지고 하나님을 바라보아야 합니다.

하나님의 섭리를 믿으십시오. 하나님의 섭리를 믿기에 우리는 모세처럼, 에스더처럼, 다니엘처럼, 바울처럼 기도해야 합니다. 예수님처럼 기도해야 합니다. 또한 우리는 요셉처럼, 룻처럼, 다윗처럼, 느헤미야처럼 최선을 다해야 합니다. 예수님처럼 최선을 다해야 합니다. 그때 하나님은 모든 것을 합력하여 선을 이루실 것입니다. 하나님의 선은 하나님의 뜻을 이루는 것입니다. 그 뜻은 구원에 있습니다. 만민을 구원하는 선교에 있습니다. 또한 우리가 예수님을 닮아 가는 데 있습니다.

특별한 어려움을 겪을 때에도 낙심하거나 두려워하지 않도록 하십시오. 우리가 할 일은 하나님의 섭리를 믿고 최선을 다하는 것입니다. 그때 하나님은 아름다운 결과를 만들어 내실 것입니다. 그리함으로 거룩한 기대를 갖고 하루하루를 살아가십시오. 고난을 낭비하지 마시고 원망과 불평으로 시간을 낭비하지 마십시오.

요셉처럼 변화를 예측하고 변화에 대비하십시오. 변화를 받아들이십시오. 어려움 중에도 항상 기뻐하고 범사에 감사하십시오. 성령님 안에서 늘 기도하십시오. 하나님을 의지하십시오. 하나님께 믿음을 보여 드리십시오. 하나님을 더욱 사랑하십시오. 하나님의 부르심을 따라 살아가십시오. 하나님이 모든 것을 통해 이루실 아름다운 미래를 기대하십시오. 하나님의 놀라운 섭리가 우리 모두 위에 아름답게 드러나기를 바랍니다.

하나님을 사랑하는 자 곧 그의 뜻대로 부르심을 입은 자들에게는 하나님이 우리 삶 속에서 일어나는 모든 사건을 합력해서 선을 이루십니다.

하나님의 섭리는 서서히 드러난다.

세월이 흐른 후 고난을 통한

하나님의 섭리를 깨닫게 된다.

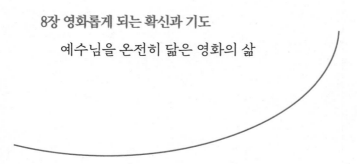

8장 영화롭게 되는 확신과 기도

예수님을 온전히 닮은 영화의 삶

로마서 8:29-30

>> 우리가 영화롭게 된다는 확신

하나님은 영광스러운 분입니다. 하나님은 그분의 영광을 드러내시고, 우리가 하나님의 영광을 보며 즐거워하길 원하십니다. 우리는 자신이 즐거워하는 것에 관심을 갖습니다. 자신이 즐거워하는 것에 집중합니다. 자신이 즐거워하는 것을 반복하고 지속하게 됩니다. 자신이 즐거워하는 것을 소유하게 됩니다.

우리는 자신이 즐거워하는 것과 그 대상을 닮게 됩니다. 어떤 의미에서 자신이 즐거워하는 것은 우리가 어떤 종류의 사람인지를 보여 줍니다. 더욱 중요한 것은 우리 인격과 신앙이 성숙해 가면서 자신이 좋아하는 것이 변화된다는 것입니다. 하나님이 우리에게 원하시는 것은 우리가 하나님의 영광을 즐거워하는 것입니다. 하나님의 영광을 즐거워하다가 그 영광 속으로 들어가는 것입니다.

조너선 에드워즈는 하나님의 영광을 갈망했습니다. 하나님의 영광을 즐거워했습니다. 그래서 하나님의 영광에 관한 글을 썼습니다.

■ "하나님은 그분의 영광이 나타날 뿐 아니라 사람들이 그것을 즐거워할 때 영광을 받으십니다. 사람들이 단지 그 영광을 볼 때보다 그것을 본 사람들이 또한 그것을 기뻐할 때에 하나님은 더욱더 영광을 받으십니다."-조너선 에드워즈

/ 존 파이퍼, 《나의 기쁨, 하나님의 영광》, 생명의말씀사, 28쪽 재인용

하나님은 우리가 그분의 영광을 즐거워하는 중에 영화로움의 단계 속으로 들어가기를 원하십니다.

하나님이 미리 아신 자들을 또한 그 아들의 형상을 본받게 하기 위하여 미리 정하셨으니 이는 그로 많은 형제 중에서 맏아들이 되게 하려 하심이니라 또 미리 정하신 그들을 또한 부르시고 부르신 그들을 또한 의롭다 하시고 의롭다 하신 그들을 또한 영화롭게 하셨느니라 롬 8:29-30

이 말씀을 연구하고 묵상하는 중에 발견한 점은, 바울이 우리를

영화롭게 하셨다는 말씀을 과거시제로 사용하고 있다는 것입니다. 그는 아직 나타나지 않은 우리의 영화스러운 모습을 이미 나타난 것처럼 과거시제를 사용하고 있습니다. 그는 이미 성도들이 영화롭게 된 것을 믿음의 눈으로 보고 있었습니다. 그가 보았기에 말하고 있는 것입니다. 바울은 예수님을 믿는 사람들이 하나님의 영광을 즐거워하는 중에 그 영광에 이를 것을 확신했습니다.

우리가 영화롭게 된다는 확신은 우리에게 큰 소망과 기대와 기쁨을 선물해 줍니다. 아무리 어려운 상황 가운데 있다 할지라도 우리의 마지막은 영화입니다. 하나님은 바로 그 믿음, 그 확신 속에 살기를 원하십니다. 로마서 8장 29-30절은 짧지만 그리스도인들의 구원의 전체 여정을 잘 보여 주는 말씀입니다. 구원 드라마의 큰 그림을 보여 주는 말씀입니다. 전체를 본다는 것은 우리가 어디에 있으며 어디로 가고 있는지를 알 수 있다는 것을 의미합니다.

하나님이 모든 것을 합력하여 선을 이루시는 목적

바울은 로마서 8장 28절에서 "하나님을 사랑하는 자 곧 그의 뜻대로 부르심을 입은 자들에게는 모든 것이 합력하여 선을 이룬다"고 했습니다. 하나님이 모든 것을 합력하여 선을 이루시는 궁극적인 목적은 무엇일까요? 그것은 우리가 그 아들의 형상, 즉 예수님의 형상을 본받는 것입니다.

하나님이 미리 아신 자들을 또한 그 아들의 형상을 본받게 하기 위하여
미리 정하셨으니 이는 그로 많은 형제 중에서 맏아들이 되게 하려 하심이
니라 롬 8:29

예수님의 형상을 본받는다는 것은 예수님을 닮아 간다는 것을 의
미합니다. 이 일을 주도하시는 분은 누구입니까? 우리 스스로 예수
님을 닮아 가기 위해 힘쓰는 것입니까? 아니면 하나님이 이 모든
일을 주도해 가시는 것일까요? 물론 우리도 예수님을 본받기를 힘
쓰고, 예수님을 닮아 가기를 힘써야 합니다. 하지만 그 전에 먼저
이 모든 일을 시작하신 분은 하나님이십니다.

첫째, 하나님은 그리스도 예수 안에서 우리를 미리 아셨습니다.

하나님이 미리 아신 자들을 롬 8:29상

우리가 하나님을 알기 전에 하나님이 우리를 먼저 아셨습니다.
하나님이 미리 아신 때가 언제일까요? 성경은 창세전이라고 말씀
합니다. 이것은 정말 놀라운 사실입니다. 충격적이며 전율을 느낄
수밖에 없는 사실입니다. 예수님을 만나기 전까지 우리는 이 사실
을 알지 못합니다. 예수님을 만날 때 우리는 새로운 시간 속으로 들
어가게 됩니다. 새로운 시간은 하나님의 시간입니다. 영원한 시간
입니다. 과거와 현재와 미래를 한꺼번에 아우르는 시간입니다. 바
울은 로마 옥중에서 에베소 성도들에게 편지를 쓰면서 이 사실을

강조합니다.

> 곧 창세전에 그리스도 안에서 우리를 택하사 우리로 사랑 안에서 그 앞에
> 거룩하고 흠이 없게 하시려고 엡 1:4

바울은 하나님 아버지께서 우리에게 그리스도 안에서 하늘에 속한 모든 신령한 복을 주셨다고 말씀합니다(엡 1:3). 그 시제는 창세전입니다. 창세전에 그리스도 안에서 우리를 택하신 것입니다. 그 택하신 목적은 우리가 사랑 안에서 하나님 앞에 거룩하고 흠이 없게 하시기 위함입니다. 거룩하고 흠이 없다는 것은 영광스러움을 의미합니다. 영화로움을 의미합니다. 거룩하고 흠이 없는 분은 예수님밖에 없습니다. 하나님은 우리를 창세전에 선택하셔서 거룩하고 흠이 없으신 예수님을 닮도록 계획하신 것입니다.

하나님이 미리 아신다는 것은 무엇을 의미할까요? 성경에서 안다는 것은 이론이나 지식이 아니라 관계적으로 안다는 것을 의미합니다. 안다는 것은 친밀한 관계에 있다는 것입니다. 우리가 누군가에 대해 "제가 그 사람을 잘 압니다."라고 말할 때 그것은 단순히 아는 것을 의미하지 않습니다. 친밀한 관계 속에서 잘 안다는 것을 의미합니다.

예수님이 거짓 선지자들에 대해 말씀하시는 중에 놀라운 이야기를 하십니다. 어떤 사람들이 예수님의 이름으로 선지자 노릇을 하고, 귀신을 쫓아내고, 권능을 행했습니다. 그런데 예수님은 그들을

향해 단호하게 말씀하십니다.

> …내가 너희를 도무지 알지 못하니 불법을 행하는 자들아 내게서 떠나가
> 라 하리라 마 7:23하

예수님은 그들을 도무지 알지 못한다고 말씀합니다. 곧 예수님과 그들은 상관이 없다는 것입니다. 하나님이 예수님을 믿는 우리에게, 우리를 관계적으로 미리 아셨다고 말씀합니다. 이 지식은 남편과 아내가 아는 것과 같은 지식입니다. 하나님이 아신다는 것은 하나님이 우리를 인격적으로 사랑하신다는 것을 뜻합니다. 우리가 하나님을 알기 전에 하나님이 먼저 우리를 아셨습니다. 우리가 하나님을 사랑하기 전에 하나님이 먼저 우리를 사랑하신 것입니다(요일 4:10).

구약에서 하나님이 미리 아신 백성들로 이스라엘 백성을 선택하셨습니다. 하나님이 그들을 아시고 그들을 사랑하신 것입니다. 하나님이 그들을 택하시고 사랑하신 것은 그들이 대단한 민족이어서가 아닙니다.

> 여호와께서 너희를 기뻐하시고 너희를 택하심은 너희가 다른 민족보다
> 수효가 많기 때문이 아니라 너희는 오히려 모든 민족 중에 가장 적으니
> 라 여호와께서 다만 너희를 사랑하심으로 말미암아… 신 7:7-8상

여기서 우리는 하나님의 은혜를 더욱 깊이 깨닫게 됩니다. 하나님이 히브리 민족을 선택하신 것은 은혜입니다. 하나님의 주권적인 선택입니다. 하나님이 그들을 아시고, 그들을 기뻐하시고, 그들을 선택하시고, 그들을 사랑하신 것입니다. 예수님이 오신 이후로 이러한 하나님의 은혜는 새로운 차원으로 드러났습니다. 그것은 하나님이 유대인뿐만 아니라 예수님을 믿는 모든 사람을 사랑하시기로 선택하셨다는 것입니다. 하나님은 그리스도 안에서 이방인인 우리를 미리 아시고 사랑하십니다.

"안다는 것은 사랑한다는 것이다." – 파커 팔머

둘째, 하나님은 그리스도 예수 안에서 우리를 미리 아시고 미리 정하셨습니다.

하나님이 미리 아신 자들을 또한 … 미리 정하셨으니 롬 8:29

또 미리 정하신 그들을 또한 부르시고 롬 8:30상

하나님이 우리를 미리 아시고 미리 정하셨습니다. 미리 정하셨다는 것은 무슨 뜻일까요?

"'미리 정하셨으니'라는 헬라어는 '프로오리조'(proorizo)입니다. 이 말은

'미리 결정하다, 예정하다'라는 뜻입니다."

바울은 에베소서 1장에서도 이 단어를 사용하고 있습니다. 에베소서에서는 "예정하사"로 번역했습니다.

> 곧 창세전에 그리스도 안에서 … 그 기쁘신 뜻대로 우리를 예정하사 예수 그리스도로 말미암아 자기의 아들들이 되게 하셨으니 엡 1:4-5

바울은 하나님이 우리를 창세전에 그리스도 안에서 그 기쁘신 뜻대로 예정하셨다고 말합니다. 하나님은 우리가 예수 그리스도로 말미암아 하나님의 아들들, 즉 하나님의 자녀들이 되도록 예정하신 것입니다. 이 말씀은 왜 누구는 예정해서 선택하고, 누구는 선택하지 않았느냐를 가지고 논쟁하라고 주신 말씀이 아닙니다. 이 말씀은 하나님이 창세전에 그리스도 안에서 우리를 선택하셨다는 사실을 깨닫고 감사하라는 의미로 주신 말씀입니다.

아주 중요한 사실은 많은 사람들이 하나님의 선택을 받고도 하나님 밖에서 살고 있다는 것입니다. 자신이 선택받은지도 모르고 하나님을 거역하며 살고 있습니다. 우리가 해야 할 일은 복음 전도를 통해 그 사람들을 예수님께로 인도하는 것입니다.

바울은 예수님을 만나기 전에 하나님이 자신을 미리 아시고, 미리 정하셨다는 사실을 몰랐습니다. 그래서 예수님을 믿는 사람들을 핍박하고 죽였습니다. 그런데 예수님이 바울을 찾아오셨습니다. 바울이 예수님을 찾기 전에 예수님이 먼저 그를 찾아오셨습니다. 그를 만나 주셨습니다. 또한 아나니아를 통해 그를 위해 미리 정하신 하나님의 뜻을 알려 주셨습니다.

> 주께서 이르시되 가라 이 사람은 내 이름을 이방인과 임금들과 이스라엘 자손들에게 전하기 위하여 택한 나의 그릇이라 그가 내 이름을 위하여 얼마나 고난을 받아야 할 것을 내가 그에게 보이리라 하시니 행 9:15-16

바울은 예수님을 만난 후, 하나님의 은혜에 사로잡혀 살았습니다. 그 이유는 예수님을 대적하고, 예수님을 믿는 사람을 대적한 그를 예수님이 찾아오신 까닭입니다. 그에게 사명을 맡기시고, 그의 사명을 깨우쳐 주신 까닭입니다. 바울은 그의 영의 아들 디모데에게 보낸 편지에서 그가 전에는 비방자요 박해자요 폭행자였다고 말합니다. 그런데 하나님의 은혜로 사도의 직분까지 맡게 되었다고 말합니다(딤전 1:12-13). 그는 이 사실을 이야기하면서 하나님의 은혜를 찬송합니다(딤전 1:14-15). 그는 죄인 중의 괴수와 같은 자신을 용서하시고, 선택해서 사도의 직분을 맡기신 하나님의 은혜를 찬송합니다. 이 말씀 후에 그가 하나님의 긍휼을 입은 까닭을 말합니다. 그 이유는 후에 주를 믿는 사람들에게 본이 되기 위한 것입니다.

> 그러나 내가 긍휼을 입은 까닭은 예수 그리스도께서 내게 먼저 일체 오래 참으심을 보이사 후에 주를 믿어 영생 얻는 자들에게 본이 되게 하려 하

심이라 딤전 1:16

이 말씀 속에 복음 전도가 담겨 있습니다. 이방인의 사도가 되어 이방인들에게 복음을 전하고 그들의 본이 되는 것이 그의 사명이라는 것입니다. 바로 여기서 예정론을 잘못 이해하고 있는 사람들의 오해를 풀어 줍니다. 어떤 사람들은 모든 것이 다 예정되었으니 기도할 필요도 없고, 전도할 필요도 없다고 말합니다. 하지만 그렇지 않습니다. 하나님의 선택을 받고도 아직 선택을 받은 줄 모르고 살아가는 사람들을 위해 전도해야 합니다. 그들을 위해 기도하고, 그들에게 복음을 전해 주어야 합니다. 바울은 선택을 받은 사람이었지만 예수님을 몰랐습니다. 그런데 예수님이 그를 찾아오셔서 그의 선택받음을 깨우쳐 주셨습니다. 또한 그 사실을 아나니아가 확증시켜 주었습니다.

우리는 하나님의 은혜로 구원받고 선택받은 것에 대해 감사해야 합니다. 감격해야 합니다. 그런 은혜를 받은 우리는 다른 사람들의 회심을 위해 중보기도를 해야 합니다. 복음을 전해야 합니다. 회심, 즉 회개는 돌이키는 것입니다. 하나님의 선택을 받은 사람들이 하나님께로 돌아오게 하는 것이 회심입니다. 존 스토트는 하나님의 예정 교리에 대해 다음과 같이 언급합니다.

█ 신적 예정의 교리는 교만이 아니라 겸손을, 염려가 아니라 확신을, 무관심이 아니라 책임을, 자기만족이 아니라 거룩함을, 특권이 아니라

선교를 촉진한다.

/ 존 스토트, 《로마서 강해》, IVP, 330쪽

하나님이 우리를 창세전에 미리 아시고 선택하신 이유 중 하나는 우리에게 복음을 전하도록 하기 위해서입니다. 선교적 삶을 살고 선교적 교회를 세워 선교하는 것입니다.

> 이는 너희를 어두운 데서 불러내어 그의 기이한 빛에 들어가게 하신 이의 아름다운 덕을 선포하게 하려 하심이라 벧전 2:9하

셋째, 하나님은 우리가 예수님의 형상을 본받도록 미리 정하셨습니다.
하나님이 우리를 미리 아시고, 미리 정하신 이유는 예수님의 형상을 본받게 하기 위해서입니다. 그리하심으로 예수님이 하나님의 맏아들이 되게 하시는 것입니다.

> …그 아들의 형상을 본받게 하기 위하여 미리 정하셨으니 이는 그로 많은 형제 중에서 맏아들이 되게 하려 하심이니라 롬 8:29

여기서 "그 아들의 형상"은 하나님의 아들이신 예수님의 형상을 의미합니다. 그리고 "맏아들"은 예수님을 의미합니다. 예수님은 하나님 아버지의 독생자이십니다. 또한 맏아들입니다. 예수님이 맏아

들이라는 뜻은 예수님이 상속자라는 것입니다. 하나님의 영광스럽고 풍성한 기업을 유업으로 받으시는 상속자라는 뜻입니다. 바울은 왜 이 사실을 강조하는 것일까요? 우리가 예수님의 형상을 본받아야 하는 이유는 우리가 예수님과 함께 상속자인 까닭입니다.

> 자녀이면 또한 상속자 곧 하나님의 상속자요 그리스도와 함께한 상속자니 롬 8:17상

우리는 하나님의 상속자입니다. 그리스도와 함께한 상속자입니다. 우리는 그리스도가 아니지만, 그리스도와 같은 상속자의 신분을 얻게 되었습니다. 그런 까닭에 우리는 그리스도를 본받아야 합니다. 상속자에게는 엄청난 특권이 주어집니다. 동시에 유업을 잘 지키고 보전하고 돌보아야 하는 의무가 있습니다. 그러기 위해서는 예수님을 본받아야 합니다. 예수님의 형상을 닮아야 합니다. 예수님이 이 땅에 오신 이유는 우리를 그와 같은 모습이 되게 하시기 위함입니다.

"그(예수님)는 우리를 자기와 같은 자가 되게 하시려고 우리와 같은 모습이 되셨다." – 이레나이우스

하나님의 구원의 전체 그림

하나님의 미리 정하심 속에는 하나님의 계획이 담겨 있습니다. 하나님의 미리 결정하심이 담겨 있습니다. 그것은 하나님이 택하신 자들을 영화에 이르도록 결정하셨다는 사실입니다.

> 또 미리 정하신 그들을 또한 부르시고 부르신 그들을 또한 의롭다 하시고
> 의롭다 하신 그들을 또한 영화롭게 하셨느니라 롬 8:30

이 말씀 속에 하나님이 창세전부터 계획하신 내용이 담겨 있습니다. 하나님은 로마서 8장 29-30절을 통해 우리에게 하나님의 구원의 전체 그림을 보여 주십니다.

"하나님이 우리를 미리 아십니다(예지, 豫知)."

"하나님이 우리를 미리 정하셨습니다(예정, 豫定)."

"하나님은 우리가 예수님의 형상을 본받도록 미리 정하셨습니다 (성화, 聖化)."

"하나님은 우리를 부르셨습니다."

"하나님은 우리를 의롭다 선언하셨습니다."

"하나님은 우리를 영화롭게 하셨습니다(영화, 榮華)."

이것이 바로 로마서 8장 29-30절의 그림입니다. 하나님이 우리

를 선택하신 후에 우리를 어떻게 만들어 가시는지를 보여 주는 말씀입니다. 이것을 복음적으로 압축하면 다음과 같습니다.

> "중생(reborn, 거듭남) : 예수님을 믿고 성령님 안에서 새롭게 태어나는 것입니다. 구원의 경험입니다."
>
> "칭의(justification) : 하나님이 우리를 예수님 때문에 의롭다고 법적으로 선언하신 것입니다."
>
> "성화(sanctification) : 예수님을 닮아 점점 거룩해지는 것입니다. "
>
> "영화(glorification) : 예수님처럼 영화롭게 되는 것입니다."

로마서 8장 28-29절에는 "성화"라는 말이 직접적으로는 나오지 않지만, 성화가 담겨 있습니다. 즉, 아들의 형상을 닮아 가는 과정이 성화입니다. 거룩하신 예수님의 모습을 닮아 가는 것이 성화입니다. 성화를 통해 영화에 이르게 됩니다. 이 큰 그림을 이해하는 것이 아주 중요합니다. 왜냐하면 구원은 한순간에 받지만 그 구원이 완성되는 데는 많은 시간이 필요하기 때문입니다. 우리가 예수님을 믿는 순간 우리 안에 새 생명이 들어오게 됩니다. 새 생명은 씨앗과 같습니다. 이 새 생명이 우리 안에서 온전히 성장하기 위해서는 많은 시간이 필요합니다.

우리는 여기서 아주 중요한 질문을 하게 됩니다. 예수님을 닮아 가는 것을 주도하는 분은 누구일까요? 하나님은 어떤 은혜의 수단을 통해 우리가 예수님을 닮아 가도록 도와주시는 것일까요?

첫째, 하나님이 모든 것을 주도하심으로 예수님을 닮도록 도와주십니다.

우리는 이 사실을 늘 기억해야 합니다. 우리가 하나님을 선택한 것이 아니라 하나님이 우리를 선택하신 것입니다. 우리가 하나님을 사랑한 것이 아니라 하나님이 우리를 먼저 사랑하셔서 독생자를 보내 주셨습니다. 우리의 구원은 처음부터 끝까지 하나님이 주관하십니다. 로마서 29절과 30절이 어떻게 시작하는지 살펴보십시오.

하나님이 미리 아신 자들을 롬 8:29

또 (하나님이) 미리 정하신 그들을 또한 부르시고 롬 8:30

하나님이 미리 아셨고, 미리 정하셨고, 또한 부르셨습니다. 우리가 하나님을 부르기 전에 하나님이 우리를 부르셨습니다. 하나님이 우리를 부르셨다는 것은 그분이 우리를 아시고 부르신 것입니다. 하나님이 우리를 아시고 선택하신 것입니다. 그분은 결코 우리를 부르신 것을 후회하지 않으십니다.

하나님의 은사와 부르심에는 후회하심이 없느니라 롬 11:29

하나님이 모든 것을 주도하십니다. 우리는 하나님의 주도하심에 감사함으로 반응합니다. 그것이 믿음입니다. 하나님이 계획하시고 준비해 주신 것을 감사함으로 받는 것입니다. 그래서 사도들은 그리스도인의 성장을 이야기할 때 항상 은혜를 강조했습니다.

오직 우리 주 곧 구주 예수 그리스도의 은혜와 그를 아는 지식에서 자라가라 영광이 이제와 영원한 날까지 그에게 있을지어다 벧후 3:18

둘째, 하나님이 성령님을 통해 예수님을 닮도록 도와주십니다.

우리가 예수님을 닮는 일은 거룩한 일입니다. 죄는 인간을 변질시켰습니다. 죄는 우리 안에 심겨진 하나님의 형상을 뒤틀어 놓았습니다. 훼손시킨 것입니다. 죄는 우리의 성장을 막습니다. 죄는 우리의 모든 잠재력을 소멸시키는 일에 매진합니다. 그 뒤로 사탄이 함께 역사합니다. 예수님은 하나님의 형상을 훼손시킨 죄의 문제를 해결하기 위해 이 땅에 오셨습니다. 그리고 십자가에서 죄를 멸하셨습니다. 죄를 죽이셨습니다. 또한 사탄의 머리를 치셨습니다.

예수님은 우리 죄를 멸하신 것으로 끝내지 않으셨습니다. 예수님은 우리 죄인의 옷을 벗겨 주시고, 그 죄인의 옷을 친히 입으셨습니다. 대신 우리에게 예수님의 의의 옷을 입혀 주셨습니다. 예수님의 의의 옷을 입혀 주셨다는 것은 예수님의 의를 우리에게 전가시켜 주셨다는 것입니다. 그리하심으로 하나님 아버지께서는 우리를 의롭다고, 의인이라고 법적 선언을 하신 것입니다.

칭의의 은혜는 한 번에 이루어졌으며 변개될 수 없습니다. 이것은 법정에서 판사가 무죄라고 선언하는 것과 같습니다. 의인이라고 선언하는 것과 같습니다. 하나님 아버지가 그렇게 선언하실 수 있는 것은 우리 죄를 예수님이 대신 담당하신 까닭입니다. 바울은 로마서에서 이 사실을 자주 반복하여 선언합니다.

> 그러므로 우리가 믿음으로 의롭다 하심을 받았으니 우리 주 예수 그리스도로 말미암아 하나님과 화평을 누리자 롬 5:1

> 그러면 이제 우리가 그의 피로 말미암아 의롭다 하심을 받았으니 더욱 그로 말미암아 진노하심에서 구원을 받을 것이니 롬 5:9

우리가 의로운 것이 아닙니다. 하나님에 의해 예수님을 믿음으로써 예수님의 피로 의롭다 하심을 받은 것입니다. 하나님은 예수님의 희생으로 죄인을 의롭다 선언하신 후에 우리를 진정한 의인으로 만들어 가십니다. 이것이 성화의 과정입니다. 의로우신 예수님의 옷을 입히고 우리에게서 예수님의 모습이 드러나도록 도와주십니다. 바로 이 일을 위해 예수님이 하나님 아버지께 받아 보내 주신 분이 성령님입니다.

우리가 예수님을 믿을 때 성령님이 우리 안에 들어오십니다. 예수님이 우리 안에 늘 역사하심으로 우리가 예수님을 닮아 가도록 도와주십니다. 우리 힘이 아니라 오직 성령님의 능력으로 예수님을 닮아 갈 수 있습니다.

바울은 로마서 8장에서 성령님의 역사를 계속 강조합니다. 성령님은 우리가 육신의 생각이 아닌 영의 생각을 하도록 도와주십니다(롬 8:5-6). 성령님이 우리 안에서 우리를 인도해 주십니다(롬 8:14). 성령님이 양자의 영으로 역사하셔서 하나님을 아빠 아버지라고 부르짖게 하십니다(롬 8:15). 성령님이 친히 우리 영과 더불어 우리가 하나님의 자녀인 것을 증언해 주십니다(롬 8:16). 또한 성령님이 중보기도를 통해 우리의 연약함을 도와주십니다. 성령님의 역사와 중보기도를 통해 우리는 예수님을 닮아 갈 수 있습니다.

> 이와 같이 성령도 우리의 연약함을 도우시나니 우리는 마땅히 기도할 바를 알지 못하나 오직 성령이 말할 수 없는 탄식으로 우리를 위하여 친히 간구하시느니라 마음을 살피시는 이가 성령의 생각을 아시나니 이는 성령이 하나님의 뜻대로 성도를 위하여 간구하심이니라 롬 8:26-27

셋째, 성령님은 우리 속사람을 변화시켜 예수님을 닮도록 도와주십니다.

예수님의 형상을 닮는 일은 먼저 내면에서 시작됩니다. 내면에서 시작해서 외부로 드러나는 것이 예수님의 형상을 닮아 가는 역사의 핵심입니다. 바울은 우리 속에 그리스도의 형상이 이루어져야 한다고 강조합니다.

> 나의 자녀들아 너희 속에 그리스도의 형상을 이루기까지 다시 너희를 위하여 해산하는 수고를 하노니 갈 4:19

마이클 윌킨스는 우리의 변화는 안에서부터 밖으로 이루어진다고 강조합니다.

"안에서부터 밖으로 변화된다"는 생각을 가지라. "안에서부터 밖으로"라는 생각을 유지하는 것은 속사람에 집중하는 데서 시작한다는 뜻이다. 이것은 예수님과의 영적인 친밀함 가운데 성장한다는 뜻이다. 우리가 예수님을 신뢰하고 순종하는 성품을 발전시킴에 따라, 하나님과 다른 사람들을 향한 내적인 태도가 변화되어 외적인 품행이 변화될 것이다.

/ 마이클 윌킨스, 《그분의 형상대로》, IVP, 63쪽

예수님은 변화의 초점을 내면에 두셨습니다. 우리 속사람, 즉 마음에 두셨습니다. 예수님은 인간 문제의 핵심이 우리 마음에 있다고 보셨습니다.

또 이르시되 사람에게서 나오는 그것이 사람을 더럽게 하느니라 속에서 곧 사람의 마음에서 나오는 것은 악한 생각 곧 음란과 도둑질과 살인과 간음과 탐욕과 악독과 속임과 음탕과 질투와 비방과 교만과 우매함이니 이 모든 악한 것이 다 속에서 나와서 사람을 더럽게 하느니라 막 7:20-23

예수님을 믿을 때 우리 안에 새 영이신 성령님과 함께 새 마음이 들어오게 됩니다. 새 마음은 곧 예수 그리스도의 마음입니다. 그리

하심으로 내면의 혁명이 일어나게 됩니다.

> 또 새 영을 너희 속에 두고 새 마음을 너희에게 주되 너희 육신에서 굳은
> 마음을 제거하고 부드러운 마음을 줄 것이며 겔 36:26

> 너희 안에 이 마음을 품으라 곧 그리스도 예수의 마음이니 빌 2:5

하나님은 우리 안에 예수님의 마음을 품기를 원하십니다. 여기서 나오는 "예수의 마음"은 영어 성경(NIV)에서는 "예수의 태도(attitude)" 라고 표현합니다. 우리 안에 예수님의 마음을 품게 되면 우리는 새로운 태도를 갖게 됩니다. 하나님을 향한 새로운 태도, 자신을 향한 새로운 태도, 그리고 이웃을 향한 새로운 태도를 갖게 됩니다.

우리 안에서 형성되는 예수님의 형상은 예수님의 성품을 의미합니다. 성령님이 우리 안에서 형성시켜 주시는 예수님의 성품은 성령님의 9가지 열매에 담겨 있습니다.

> 오직 성령의 열매는 사랑과 희락과 화평과 오래 참음과 자비와 양선과 충
> 성과 온유와 절제니 이 같은 것을 금지할 법이 없느니라 갈 5:22-23

성령님의 열매는 예수님의 성품을 드러내 줍니다. 놀라운 사실은 바울이 성령의 열매들이라고 하지 않고 "성령의 열매", 즉 단수로 표현한 것입니다. 곧 성령의 열매는 사랑을 통해 모두 서로 연결되

어 있는 성품인 것을 알 수 있습니다.

넷째, 하나님은 공동체 속에서 제자훈련을 통해 예수님을 닮도록 도와주십니다.

예수님은 열두 제자를 선택하셔서서 그들과 함께하심으로 그들이 예수님을 본받도록 도와주셨습니다. 예수님을 닮아 간다는 것은 예수님의 제자가 된다는 것을 의미합니다. 예수님의 제자가 된다는 것은 예수님이 스승이 되신다는 것을 의미합니다.

하나님이 우리를 변화시키실 때 공동체를 통해 변화시키십니다. 바울은 언제나 공동체를 강조합니다. "우리"라는 표현을 자주 사용합니다. 바울은 하나님의 전적인 주도를 통해 우리가 예수님의 형상을 본받게 된다는 사실을 강조합니다. 그 전적인 주도 속에 교회 공동체가 있다는 사실을 강조합니다. 또한 그 공동체 안에 우리가 예수님의 제자가 되도록 도와주는 선생님들이 있다는 사실을 강조합니다.

나는 심었고 아볼로는 물을 주었으되 오직 하나님께서 자라나게 하셨나니 그런즉 심는 이나 물 주는 이는 아무것도 아니로되 오직 자라게 하시는 이는 하나님뿐이니라 심는 이와 물 주는 이는 한가지이나 각각 자기가 일한 대로 자기의 상을 받으리라 우리는 하나님의 동역자들이요 너희는 하나님의 밭이요 하나님의 집이니라 고전 3:6-9

이 말씀을 잘 살펴보아야 합니다. 바울은 심었습니다. 아볼로는 물을 주었습니다. 오직 하나님께서 자라나게 하셨습니다. 바울은 오직 자라게 하시는 분인 하나님을 강조합니다. 하지만 그는 하나님과 동역한 자신과 아볼로의 역할을 과소평가하지 않습니다. 하나님이 주도하시지만 하나님은 사람을 통해 우리를 그리스도의 제자가 되게 하십니다.

제자도란 이 세상에서 예수 그리스도 및 그분의 백성들과 연합해서 인간으로서의 충만한 삶을 사는 것이다. 그리고 그리스도의 형상을 닮아 가며 다른 이들도 예수님을 알고 닮아 가도록 도와주는 것이다.

/ 마이클 윌킨스, 《그분의 형상대로》, IVP, 136쪽

마이클 윌킨스는 제자도란 예수님과 그분의 백성들과의 연합을 통해 이루어진다고 말씀합니다. 예수님을 믿는 모든 사람은 예수님의 형상을 닮은 제자의 길에 들어선 사람들입니다. 우리 모두는 정도의 차이는 있지만 예수님을 닮아 가는 성화의 과정 속에 있습니다. 또한 결국은 예수님을 온전히 닮은 영화의 단계에 이르게 될 것입니다. 바울은 흔들리지 않는 확신을 가지고 이 사실을 전해 줍니다.

너희 안에서 착한 일을 시작하신 이가 그리스도 예수의 날까지 이루실 줄을 우리는 확신하노라 빌 1:6

하나님이 공동체 안에서 제자를 만들기 위해 경험하게 하시는 것이 갈등입니다. 배신입니다. 거절감입니다. 질투입니다. 시기입니다. 경쟁입니다. 서로 상처를 주고받는 것입니다. 버림받음입니다. 오해입니다. 억울한 일입니다. 하나님이 이 모든 것을 합력하여 우리로 하여금 예수님을 닮아 가게 하십니다. 우리는 관계 가운데 겪는 갈등과 고통을 통해 변화되고 성숙해집니다. 예수님은 제자들 사이에 있는 경쟁과 갈등을 통해 그들의 성장을 도우셨습니다.

공동체 안에 갈등만 있는 것이 아닙니다. 우리는 공동체 안에서 스승을 만납니다. 멘토를 만납니다. 좋은 만남을 갖게 됩니다. 공동체 안에서 서로를 사랑하게 됩니다. 서로를 돌보게 됩니다. 사랑과 선행을 격려하게 됩니다. 쓰러질 때 다시 일어서게 도와줍니다. 고난 중에 있을 때 잘 견딜 수 있도록 도와줍니다. 어려울 때 서로의 필요를 채워 줍니다. 중보기도를 통해 서로를 세워 줍니다.

교회 공동체는 우리에게 어머니의 품과 같습니다. 오아시스와 같습니다. 교회 공동체는 피난처와 같습니다. 안식처와 같습니다. 예수님을 믿는 사람들이 함께 만나 서로를 세워 주는 곳이 교회 공동체입니다. 아름다운 공동체를 세우는 일에 우리는 함께 힘써야 합니다.

우리는 서로 사랑하고, 서로 용납하고, 서로 용서하고, 서로 신뢰해 주고, 서로 인내해 주어야 합니다. 서로 무거운 짐을 함께 나누어 져야 합니다. 함께 아파하고, 함께 슬퍼하고, 함께 고통을 나누어야 합니다. 그런 과정을 통해 우리는 예수님의 제자가 되어 예수님을 닮게 됩니다. 예수님은 공동체 안에 성령님을 보내 주셨습니다. 예수님의 제자들이 성령 충만을 받은 후에 놀라운 변화를 경험하게 됩니다. 성령님은 우리 안에 거하실 뿐 아니라 교회 공동체 안에 역사하십니다. 성령님은 교회를 시작하신 분입니다. 교회에 능력을 부여하시는 분입니다. 성령님은 갈등 중에 있을 때 화해의 영으로 역사하시는 분입니다.

성부 성자 성령의 하나님은 공동체를 이루신 하나님입니다. 그러므로 우리는 공동체를 소중히 여겨야 합니다. 우리는 공동체에서 힘을 얻고 세상을 향해 나아가 복음을 전해야 합니다. 그리스도의 사랑을 전해야 합니다. 빛과 소금의 사명을 완수해야 합니다.

≫ 기도를 통해 예수님의 DNA를 이어받으라

우리가 누군가를 닮을 수 있는 첫 번째 길은 그에게서 태어나는 것입니다. 우리는 부모님을 닮았습니다. 그 이유는 부모님으로부터 태어났기 때문입니다. 우리 자녀들은 우리를 닮았습니다. 그 이유는 우리에게서 태어난 까닭입니다. 곧 우리 자녀들은 우리의 유전자(DNA)를 이어받았습니다.

우리가 예수님을 믿고 하나님께로부터 태어나는 순간, 우리는 예수님의 유전자를 받게 되어 있습니다. 그래서 우리는 예수님을 닮아 갑니다. 예수님을 닮아 가기 위한 첫 번째 일은 예수님을 영접하고 그의 이름을 믿는 것입니다. 그때 우리는 성령님을 통해 새롭게 태어납니다. 우리가 예수님으로 말미암아 성령님을 통해 거듭날 때 새 생명, 즉 예수님의 유전자를 받게 됩니다. 그 순간부터 우리는 서서히 예수님의 모습을 우리 삶 속에 드러내게 됩니다.

우리가 누군가를 닮아 갈 수 있는 두 번째 길은 누군가를 사랑하는 것입니다. 누군가를 좋아하고, 즐거워하고, 사랑하게 되면 그 대상을 바라보게 됩니다. 우리가 누군가를 사랑하게 되면 그의 말을 늘 마음에 품습니다. 그가 사는 방식대로 살기를 원합니다. 무엇보다 가까이서 친밀한 교제를 나누는 중에 닮아 가게 됩니다.

우리는 우리가 사랑하는 대상을 닮게 되어 있습니다. 우리가 누군가를 사랑하고 늘 바라보게 되면 그를 닮게 되어 있습니다.

> 우리가 다 수건을 벗은 얼굴로 거울을 보는 것같이 주의 영광을 보매 그와 같은 형상으로 변화하여 영광에서 영광에 이르니 곧 주의 영으로 말미암음이니라 고후 3:18

예수님을 사랑해서 예수님의 영광을 바라보며 즐거워하다가 그의 형상으로 변화하게 됩니다. 그 변화가 점진적입니다. "영광에서 영광에" 이른다는 말씀은 점점 예수님의 영광스러운 모습을 닮게 된다는 것입니다. 여기서 한 가지 중요한 사실을 기억해야 합니다. 예수님의 형상을 닮아 가는 것은 내면의 일입니다. 속사람의 일입니다. 예수님의 형상은 외적인 어떤 꼴을 의미하는 것이 아니라 예수님의 성품을 의미합니다. 우리가 예수님의 성품을 닮게 되면 그 성품이 겉으로 드러나게 됩니다. 예수님의 겸손과 온유와 순종의 성품을 닮게 되면 그 성품이 겉으로 드러나게 됩니다. 우리가 예수님의 형상을 닮기 위해 예수님을 바라보는 것이 기도입니다. 성숙한 기도 중의 하나는 오직 예수님만을 원하고, 예수님을 응시하며 바라보는 것입니다.

기도란 내면의 중심부에 있는 성소에 들어가서 예수님을 바라보는 것입니다. 예수님을 바라보다가 예수님을 닮아 가는 것입니다. 그리함으로 예수님의 영광에 이르는 것입니다. 우리는 바라보는 대상을 닮게 되어 있습니다. 우리 자신만 바라보면 변화되지 않습니다. 예수님을 바라보아야 합니다. 그때 우리는 중심을 잡게 됩니다.

"우리가 왕이신 예수를 바라보기 시작하는 것, 그것이 중심을 이루는 것이다." – 고든 맥도날드

제가 내면세계를 돌아보도록 도와준 것이 고든 맥도날드의 책입니다. 아주 오래전에 만난 책이지만 제가 거듭 생각하고 찾는 책입니다. 그는 내면의 중심부에서 가장 놀라운 일들이 일어난다고 강조합니다.

■ 내면의 중심부에서 우리는 성령이신 하나님의 힘과 능력으로 충만해진다. 그곳에서 자신감과 기대가 되살아난다. 거기서 우리는 통찰력

과 지혜를 부여받으며, 산을 움직일 만한 믿음이 생겨나고, 사랑할 수 없는 사람까지 포함하여 다른 사람에 대한 사랑이 자라기 시작한다.

/ 고든 맥도날드, 《내면세계의 질서와 영적 성장》, IVP. 229쪽

우리 삶의 풍요로움은 내면에 있습니다. 우리는 외모를 최고로 소중히 여기는 시대 속에 살고 있습니다. 외모는 잘 가꾸지만 내면이 공허한 사람들을 자주 봅니다. 진정한 풍요로움은 내면에 있습니다. 우리 마음에 있습니다. 내면을 가꾸십시오. 마음을 가꾸십시오. 침묵하는 훈련을 하십시오. 하나님의 말씀을 묵상하고 그 말씀을 따라 기도하십시오. 늘 성령님을 초청하고 인식하고 환영하고 예배하십시오. 성령님의 도우심을 구하십시오. 우리 안에 거하시는 성령님께 자신을 내어 드리십시오.

분주한 삶 속에서도 잠시 멈추어 내면의 성소 속에 들어가 예수님을 바라보십시오. 그것이 가장 소중한 시간이 될 것입니다. 우리는 바라보는 대상을 사랑하고 즐거워하고 닮게 되어 있습니다. 내면의 성소에는 거룩한 불꽃이 타오릅니다. 그 불꽃을 잘 가꾸십시오. 깊은 내면에서 나오는 언어와 인격은 놀라운 능력을 발휘합니다. 사람들에게 감동을 주고 예수님을 생각나게 만듭니다.

하나님은 이 모든 것을 주도하십니다. 또한 모든 것을 합력하여 우리를 거룩하게 하시고 영화롭게 하십니다. 하나님은 우리가 예수님을 닮아 감으로 영광에 이르게 될 때 가장 기뻐하십니다. 예수님의 성품 속에 예수님의 지혜가 담겨 있습니다. 풍성한 열매를 맺는

비결이 담겨 있습니다. 성스러운 하나님의 뜻을 성취하는 비결이 담겨 있습니다. 하나님의 신령한 축복을 누리는 비결이 담겨 있습니다. 하나님과 사람들에게 사랑을 받을 수 있는 비결이 담겨 있습니다. 행복의 비결이 담겨 있습니다. 우리 함께 예수님을 닮아 감으로 예수님의 영광에 이르기를 바랍니다.

하나님이 미리 아신 자들을 미리 정하셨습니다. 미리 정하신 그들을 부르시고, 부르신 그들을 의롭다 하시고 의롭다 하신 그들을 또한 영화롭게 하셨습니다.

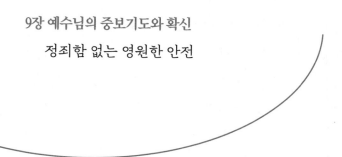

9장 예수님의 중보기도와 확신
정죄함 없는 영원한 안전

로마서 8:31-34

>> 예수님은 지금 우리를 위해 기도하신다

예수님의 중보기도와 확신은 연결되어 있습니다. 바울은 예수님을 믿는 그리스도인들 가운데 혹독한 고난 때문에 흔들리는 사람들이 있음을 알았습니다. 바울이 로마서를 쓸 당시에는 수많은 그리스도인들이 박해와 핍박과 고난을 받고 있었습니다. 그들의 질문과 불안과 의혹은 하나님의 사랑이었습니다.

우리도 마찬가지입니다. 초대교회 성도들과 같은 고난을 받는 것은 아니지만 우리 삶 속에 찾아오는 고난과 질병과 경제적인 어려움과 핍박을 만날 때 같은 질문을 하게 됩니다. "혹시 하나님이 나를 버리신 것은 아닌가? 혹시 하나님의 사랑에서 끊어진 것은 아닌가? 혹시 나의 죄 때문에 이런 어려움이 생긴 것은 아닌가? 나의 실수와 죄와 잘못 때문에 구원을 잃어버리는 것은 아닐까?" 이런 질문과 의문에 대해 바울은 분명하게 말해 줍니다. 우리를 하나님의 사랑에서 끊을 수 있는 것은 어떤 것도 없다는 것입니다.

> 누가 우리를 그리스도의 사랑에서 끊으리요 환난이나 곤고나 박해나 기근이나 적신이나 위험이나 칼이랴 롬 8:35

> 내가 확신하노니 사망이나 생명이나 천사들이나 권세자들이나 현재 일이나 장래 일이나 능력이나 높음이나 깊음이나 다른 어떤 피조물이라도 우리를 우리 주 그리스도 예수 안에 있는 하나님의 사랑에서 끊을 수 없으리라 롬 8:38-39

바울은 확신에 차 있습니다. 어떤 것도 하나님의 사랑에서 우리를 끊을 수 없다는 것입니다. 그는 담대함과 확신으로 선포하고 있습니다. 그가 이렇게 선포할 수 있는 근거를 로마서 8장에서 계속 제시하고 있습니다. 그중 하나가 예수님의 중보기도입니다. 바울은 예수님이 우리를 위해 중보기도를 드리고 계시기 때문에 안전하다고 말합니다. 우리의 구원과 영생과 상속자로서의 신분은 안전하다는 것입니다.

누가 정죄하리요 죽으실 뿐 아니라 다시 살아나신 이는 그리스도 예수시
니 그는 하나님 우편에 계신 자요 우리를 위하여 간구하시는 자시니라
롬 8:34

십자가에서 죽으실 뿐 아니라 다시 살아나신 예수님이 지금 하나
님 우편에서 우리를 위해 간구하고 계십니다. "우리를" 위해 간구하
시는 기도, 이 기도가 중보기도입니다. 중보기도는 자신을 위한 기
도가 아니라 다른 사람을 위해 하나님 아버지께 드리는 기도입니
다. 예수님은 지금 우리를 위해 중보기도를 드리고 계십니다. 또한
우리를 중보기도의 자리로 초청하고 계십니다. 우리는 이 말씀을
통해 아주 소중한 복음 진리를 깨닫게 됩니다.

예수님은 영원한 제사장이시다

구약에서 대제사장은 오직 레위 지파 가운데 아론의 후손만 가능
했습니다. 우리가 아는 것처럼 예수님은 레위 지파가 아니십니다.
예수님은 유다 지파에 속한 분입니다. 그런데 예수님은 대제사장이
되셨습니다. 이것이 어떻게 가능할까요? 그 사실을 히브리서는 아
주 자세히 밝히고 있습니다. 예수님은 아론의 계보가 아닌, 멜기세
덱의 반차를 따라 큰 대제사장이 되셨습니다. 성경은 아론의 대제
사장과 예수님의 대제사장을 구분하기 위해 예수님을 큰 제사장,

또는 큰 대제사장이라고 기록하고 있습니다.

> 그러므로 우리에게 큰 대제사장이 계시니 승천하신 이 곧 하나님의 아들
> 예수시라 우리가 믿는 도리를 굳게 잡을지어다 히 4:14

> 또 하나님의 집 다스리는 큰 제사장이 계시매 히 10:21

멜기세덱이 등장하는 부분이 창세기 14장입니다. 아브라함이 전쟁에서 승리하고 돌아오는 길에 멜기세덱이 그를 만나 축복해 줍니다.

> 살렘 왕 멜기세덱이 떡과 포도주를 가지고 나왔으니 그는 지극히 높으신
> 하나님의 제사장이었더라 그가 아브람에게 축복하여 이르되 천지의 주재
> 이시요 지극히 높으신 하나님이여 아브람에게 복을 주옵소서 창 14:18-19

멜기세덱은 아주 특별한 인물입니다. 그는 살렘 왕입니다. 여기서 살렘은 예루살렘을 의미하기도 하고 샬롬, 즉 평강을 의미하기도 합니다. 그는 예루살렘의 왕이요, 평강의 왕입니다. 또한 지극히 높으신 하나님의 제사장입니다. 멜기세덱은 왕이면서 제사장입니다. 그가 아브라함에게 가지고 나온 것이 떡과 포도주입니다. 떡과 포도주를 생각하면 예수님의 성찬을 생각하게 됩니다.

이 멜기세덱은 신비롭게도 창세기에서 한 번 등장한 다음에 더

이상 등장하지 않습니다. 다만 구약 시편 110편에서 다시 한 번 언급됩니다. 놀라운 사실은 시편 110편에서도 멜기세덱의 모습이 왕이면서 제사장의 모습이라는 사실입니다.

> 여호와께서 내 주에게 말씀하시기를 내가 네 원수들로 네 발판이 되게 하기까지 너는 내 오른쪽에 앉아 있으라 하셨도다 여호와께서 시온에서부터 주의 권능의 규를 내보내시리니 주는 원수들 중에서 다스리소서
> 시 110:1-2

이 말씀을 보면 "오른쪽에 앉아 있으라"는 말씀이 나옵니다. 이것은 하나님의 보좌 우편을 의미합니다. 보좌 우편에 앉는다는 것은 왕으로서 통치하는 것을 의미합니다. 이어서 하나님이 시온에서부터 주의 권능의 규를 내보내신다고 말씀합니다. 시온은 예루살렘입니다. 권능의 규는 왕권을 의미합니다. 주는 왕권을 가지고 원수들 중에 다스리십니다. 그다음에 하나님은 바로 그 왕을 멜기세덱의 서열을 따른 영원한 제사장이라고 말씀합니다.

> 여호와는 맹세하고 변하지 아니하시리라 이르시기를 너는 멜기세덱의 서열을 따라 영원한 제사장이라 하셨도다 시 110:4

구약에서 하나님이 레위 사람 아론의 서열을 따라 허락해 주시는 제사장이 있습니다. 또한 멜기세덱의 서열을 따라 세우신 영원한

제사장이 있습니다. 이 멜기세덱은 영원한 왕이면서 영원한 제사장입니다. 도대체 이 멜기세덱은 누구일까요? 히브리서 5장에는 예수님이 하나님께 멜기세덱의 반차를 따른 대제사장으로 칭함을 받았다고 말씀합니다.

> 하나님께 멜기세덱의 반차를 따른 대제사장이라 칭하심을 받으셨느니라
> 히 5:10

이 점을 주의해서 보십시오. 예수님은 멜기세덱의 반차를 따른 대제사장이 되십니다. 이 사실을 언급한 후에 우리가 멜기세덱에 대해 잘 알지 못하면 아직 말씀의 초보에 머물고 있다고 강조합니다.

> 멜기세덱에 관하여는 우리가 할 말이 많으나 너희가 듣는 것이 둔하므로 설명하기 어려우니라 때가 오래되었으므로 너희가 마땅히 선생이 되었을 터인데 너희가 다시 하나님의 말씀의 초보에 대하여 누구에게서 가르침을 받아야 할 처지이니 단단한 음식은 못 먹고 젖이나 먹어야 할 자가 되었도다 히 5:11-12

히브리서 7장에서는 멜기세덱에 대해 기록하고 있습니다. 신약성경에서 유일하게 멜기세덱에 대해 가르쳐 주고 있는 부분입니다.

이 멜기세덱은 살렘 왕이요 지극히 높으신 하나님의 제사장이라 여러 왕을 쳐서 죽이고 돌아오는 아브라함을 만나 복을 빈 자라 아브라함이 모든 것의 십분의 일을 그에게 나누어 주니라 그 이름을 해석하면 먼저는 의의 왕이요 그다음은 살렘 왕이니 곧 평강의 왕이요 … 하나님의 아들과 닮아서 항상 제사장으로 있느니라 히 7:1-3

이 세상에 멜기세덱과 같은 존재는 없습니다. 이 존재는 하나님의 아들을 닮았습니다. 항상 제사장으로 있습니다. 그는 영원한 제사장입니다. 레위 지파에서 나오는 제사장은 영원하지 않습니다. 오직 멜기세덱만이 영원한 제사장입니다. 결국 멜기세덱은 누구일까요? 바로 예수 그리스도입니다. 영원한 왕이시면서 영원한 제사장이신 분은 오직 예수 그리스도뿐입니다.

예수는 영원히 계시므로 그 제사장 직분도 갈리지 아니하느니라 히 7:24

이 말씀과 함께 예수님의 중보기도에 대해 언급하고 있습니다.

예수님은 우리 구원을 위해 중보해 주신다

그러므로 자기를 힘입어 하나님께 나아가는 자들을 온전히 구원하실 수 있으니 이는 그가 항상 살아 계셔서 그들을 위하여 간구하심이라 히 7:25

예수님은 자기를 힘입어 하나님께 나아가는 자들을 온전히 구원하실 수 있습니다. 또한 예수님은 중보기도를 통해 그가 구원한 자들을 영원토록 지켜 주십니다. 우리는 예수님을 믿을 때 구원을 받게 되고 영생을 얻게 됩니다. 예수님은 우리의 구원을 위해 모든 것을 이루셨습니다.

예수님은 우리를 죄에서 구원하셨습니다. 죄의 문제는 거듭 기억해야 할 인간의 근본 문제입니다. 죄는 우리를 사망에 이르게 합니다. 죄는 정죄와 고발과 참소와 저주와 죄책감과 수치심을 유발합니다. 죄는 두려움과 불안과 공포를 만들어 냅니다. 죄는 좌절과 절망과 상처와 아픔을 만들어 냅니다. 우리가 죄를 지을 때 그 죄는 순간의 쾌락을 제공해 줍니다. 순간의 쾌락이 평생의 고통을 낳기도 합니다. 영원한 멸망에 이르게 할 수도 있습니다.

죄의 문제가 해결되지 않는 한 구원도 영생도 없습니다. 영원한 죄인으로 남게 됩니다. 영원한 죄인에게는 영원한 사망과 영원한 형벌이 기다리고 있습니다. 죄는 코로나 바이러스와 비교할 수 없습니다. 코로나 바이러스는 육체만 공격합니다. 또한 어떤 사람은 감염되어도 별로 문제가 되지 않습니다. 스스로 이겨 낼 수 있습니다. 하지만 죄는 반드시 사망이라는 값을 치르게 되어 있습니다.

죄의 삯은 사망이요 롬 6:23상

죄를 짓고 그 죄가 드러나면 우리는 고소를 당하게 됩니다. 고소를 당해 정죄를 받게 됩니다. 정죄를 받게 되면 형벌을 받습니다. 형벌을 받으면 감옥에 들어가게 됩니다. 영원한 형벌은 감옥 정도가 아니라 지옥입니다. 하나님은 이런 인간의 운명을 아시기에 예수님을 이 땅에 보내셨습니다. 죄의 문제를 해결하는 유일한 길은 피입니다. 피가 죄를 속합니다. 하나님이 죄의 문제를 해결하는 은총의 수단으로 피를 정하신 것입니다.

구약에서는 죄인의 죄를 위해 어린 양이 그 죗값을 담당하고 죽었습니다. 대신 죽은 것입니다. 대신 피를 흘린 것입니다. 그 피가 죄인의 죄를 속합니다. 곧 그 죄를 덮습니다. 하지만 구약에서는 그 죄가 없어지지 아니했습니다. 짐승의 피의 효력은 그 죄를 용서하되, 그 죄를 덮는 것에 멈추었습니다. 그 죄가 영원히 사라질 수는 없었습니다. 그 이유는 짐승의 피가 가지고 있는 유한한 능력 때문입니다.

하나님은 이 문제를 해결하시기 위해 예수님을 이 땅에 보내셨습니다. 예수님이 자신을 희생 제물로 드려 우리 죄를 없이 하신 것입니다. 구약의 대제사장은 짐승의 피로 자신과 백성들의 죄를 속죄했습니다. 예수님은 큰 대제사장으로서 짐승의 피가 아닌 자신의 피로 우리 모두의 죄를 속죄했습니다.

염소와 송아지의 피로 하지 아니하고 오직 자기의 피로 영원한 속죄를 이루사 단번에 성소에 들어가셨느니라 히 9:12

예수님의 피의 효력은 영원합니다. 예수님의 피로 영원한 속죄를 이루셨습니다. 구약의 제사장들이 드린 짐승의 피의 효력은 영원하지 않았습니다. 그래서 구약의 대제사장은 해마다 다른 것의 피로 속죄 제사를 드렸습니다. 하지만 예수님은 자신의 피로 단번에 속죄의 일을 이루셨습니다. 자신이 친히 속죄 제물로 죽으시고 피를 흘리신 것입니다.

> 대제사장이 해마다 다른 것의 피로써 성소에 들어가는 것같이 자주 자기를 드리려고 아니하실지니 그리하면 그가 세상을 창조한 때부터 자주 고난을 받았어야 할 것이로되 이제 자기를 단번에 제물로 드려 죄를 없이 하시려고 세상 끝에 나타나셨느니라 히 9:25-26

얼마나 놀라운 복음입니까? 예수님이 자기를 단번에 제물로 드려 죄를 없이 하신 것입니다. 예수님의 피는 죄를 덮는 것이 아니라 죄를 없이 하십니다. 구약의 제사장들은 성막에서 일할 때 서서 일했습니다. 그 이유는 용서는 받았지만 죄가 없어지지 않은 까닭입니다. 구속의 일이 다 끝나지는 않았기 때문입니다.

> 제사장마다 매일 서서 섬기며 자주 같은 제사를 드리되 이 제사는 언제나 죄를 없게 하지 못하거니와 히 10:11

하지만 예수님은 구속의 일을 마치시고 하늘에 앉으셨습니다.

죄를 정결하게 하는 일을 하시고 높은 곳에 계신 지극히 크신 이의 우편
에 앉으셨느니라 히 1:3하

지극히 크신 이의 우편에 앉으셨다는 것은 예수님이 죄의 문제를
완전히 해결하시고 안식하신다는 것을 의미합니다. 예수님이 하나
님 아버지의 우편에 앉으셨다는 것은 예수님의 왕적 통치를 의미합
니다. 예수님은 하나님 아버지의 보좌 우편에 앉아 모든 것을 다스
리고 섭리하십니다. 예수님이 앉으셨다는 것은 우리를 위해 중보기
도를 드리고 계시다는 것을 의미합니다. 예수님은 십자가에서 죽으
심으로 우리의 모든 죗값을 다 지불하셨습니다.

다 이루었다 요 19:30중

예수님이 속죄의 일을 다 이루셨습니다. 모든 죗값을 다 지불하
셨습니다. 우리의 모든 죄를 대신 지시고, 대신 담당하시고, 대신 정
죄와 형벌과 저주를 받으셨습니다. 그런 까닭에 우리는 이제 온전
한 구원을 받게 되었습니다. 이제는 예수님을 통해 이루어진 구원
의 일 때문에 아무도 우리를 고발하거나 정죄할 수 없습니다.

그런즉 이 일에 대하여 우리가 무슨 말 하리요 만일 하나님이 우리를 위
하시면 누가 우리를 대적하리요 롬 8:31

누가 능히 하나님께서 택하신 자들을 고발하리요 의롭다 하신 이는 하나
님이시니 롬 8:33

누가 정죄하리요 롬 8:34상

확신에 찬 바울의 선언을 들어 보십시오. 하나님이 우리를 위하
시니 아무도 우리를 대적할 수 없다는 것입니다. 하나님이 우리를
미리 아시고 택하신 까닭에 아무도 고발할 수 없다는 것입니다. 하
나님이 예수님의 구원을 통해 의롭다고 선언하신 사람들을 아무도
고발할 수 없다는 것입니다. 또한 아무도 그를 정죄할 수 없다고 말
합니다. 그 이유는 예수님이 정죄를 받으신 까닭입니다. 누가 우리
를 고소하고, 참소하고, 정죄합니까? 사탄입니다. 율법입니다. 우리
자신의 양심입니다.

우리 형제들을 참소하던 자 곧 우리 하나님 앞에서 밤낮 참소하던 자가
쫓겨났고 계 12:10하

마귀는 우리 죄를 따라 우리를 참소합니다. 율법과 양심도 우리
죄를 따라 참소합니다. 정죄합니다. 우리는 스스로를 정죄할 때가
많습니다. 하지만 예수님은 우리를 변호해 주십니다.

나의 자녀들아 내가 이것을 너희에게 씀은 너희로 죄를 범하지 않게 하려

함이라 만일 누가 죄를 범하여도 아버지 앞에서 우리에게 대언자가 있으니 곧 의로우신 예수 그리스도시라 요일 2:1

예수님은 사탄이 우리 죄를 가지고 하나님 앞에 우리를 참소할 때 대신해서 변호해 주십니다. 우리의 구원과 죄 사함의 근거가 우리에게 있는 것이 아니라 하나님이 내어 주신 예수님께 있다는 사실을 근거로 변호해 주십니다. 하나님 아버지가 이 일을 이루신 것입니다. 그리함으로 하나님 아버지는 그 사실을 아십니다.

자기 아들을 아끼지 아니하시고 우리 모든 사람을 위하여 내주신 이가 어찌 그 아들과 함께 모든 것을 우리에게 주시지 아니하겠느냐 롬 8:32

아들을 내어 주셨다는 것은 독생하신 아들 예수님을 통해 우리를 구원하시고 영생을 주셨다는 것을 의미합니다.

하나님이 세상을 이처럼 사랑하사 독생자를 주셨으니 이는 그를 믿는 자마다 멸망하지 않고 영생을 얻게 하려 하심이라 요 3:16

예수님은 우리의 영원한 안전을 위해 중보해 주신다

누가 정죄하리요 죽으실 뿐 아니라 다시 살아나신 이는 그리스도 예수시
니 그는 하나님 우편에 계신 자요 우리를 위하여 간구하시는 자시니라

롬 8:34

이동원 목사님은 예수님의 중보기도 사역에 대해 두 가지 영역
으로 설명합니다. 첫째, 히브리서의 중보기도 사역입니다. 이 중보
기도는 구원을 위한 중보입니다. 예수님은 구원의 일을 십자가에서
이루시고, 또한 지금도 영혼을 구원하는 일을 위해 중보하고 계십
니다. 둘째, 로마서의 중보기도 사역입니다. 이 중보기도는 성도의
안전을 위한 중보입니다. 구원받은 성도를 영원히 지켜 주시기 위
한 중보 사역입니다. 어떤 것도, 어느 누구도 하나님의 사랑에서 끊
을 수 없도록 중보해 주시는 사역입니다.

중보기도 하시는 예수님 때문에 지금 믿지 않던 사람들이 구원받게
됩니다. 또한 이 곤고하고 환난 가득한 세상에서 우리가 삶을 지탱하
면서 하나님의 사랑에서 끊어지지 않고 주님을 의지하면 살아낼 수
있습니다. 예수 그리스도는 단순히 속죄의 중보자일 뿐만 아니라 삶
의 중보자이십니다.

/ 이동원, 《중보기도 파티》, 두란노, 26쪽

예수님의 중보기도 사역은 구원과 영원한 안전을 모두 아우르는 사역입니다. 구분되면서도 연결되어 있습니다. 우리가 예수님께 받은 구원은 영원히 안전합니다. 그 이유는 그 구원의 근거가 우리에게 있는 것이 아니라 하나님께 있기 때문입니다. 하나님이 우리를 미리 아시고, 미리 사랑하시고, 예수님 안에서 부르셨습니다. 예수님의 구속으로 인해 우리를 의롭다고 법적으로 선언하셨습니다. 그 선언에 대해 어느 누구도 다시 참소하거나 고발하거나 고소할 수 없습니다. 예수님의 죽으심과 부활하심에 의해 예수님의 의가 우리에게 전가된 까닭입니다.

우리의 의가 아니라 예수님의 의로 우리가 의롭게 되었습니다. 하나님이 의롭다고 선언하신 것입니다. 그런 까닭에 우리는 안전합니다. 불안해할 필요가 없습니다. 처음부터 우리가 의롭거나 죄가 없어서 구원받은 것이 아닙니다. 우리는 구원받은 후에도 죄를 짓지 않으려고 힘쓰지만 죄를 지을 수밖에 없는 존재입니다. 하지만 예수님의 중보기도로 우리는 거듭 회개하게 됨으로써 하나님과의 친밀한 교제가 지속됩니다.

예수님은 죽으실 뿐 아니라 다시 살아나셨습니다. 다시 살아나셔서 지금 하나님 보좌 우편에서 우리를 위해 중보기도를 드리고 계십니다. 예수님의 중보기도를 통해 죄인들이 구원의 길로 들어서게 됩니다. 또한 구원받은 성도들이 안전하게 보존됩니다. 우리의 구원은 영원한 것입니다. 흔들릴 수 없는 것입니다. 하나님이 시작하시고, 하나님이 보존하십니다. 하나님의 사랑에서 끊을 수 있는 것은 없습니다. 우리 자신의 실수와 잘못으로도 끊을 수 없습니다.

예수님은 이 땅에 계시는 동안 제자들을 위해 중보기도를 드리셨습니다. 예수님의 중보기도 속에는 제자들의 안전을 위한 기도가 포함되어 있었습니다.

> 내가 비옵는 것은 그들을 세상에서 데려가시기를 위함이 아니요 다만 악에 빠지지 않게 보전하시기를 위함이니이다 요 17:15

> 시몬아, 시몬아, 보라 사탄이 너희를 밀 까부르듯 하려고 요구하였으나 그러나 내가 너를 위하여 네 믿음이 떨어지지 않기를 기도하였노니 너는 돌이킨 후에 네 형제를 굳게 하라 눅 22:31-32

예수님의 중보기도 때문에 베드로는 사탄의 공격으로부터 보존되었습니다. 예수님의 중보기도 때문에 그가 믿음을 잃지 않았습니다. 예수님의 중보기도 때문에 그는 형제를 굳게 하는 사명을 완수할 수 있었습니다. 중보기도는 영적 전쟁입니다. 예수님은 베드로를 위해 영적 전쟁을 대신 치러 주신 것입니다. 우리도 영적 전쟁을 해야 합니다. 하지만 우리가 영적 전쟁에서 승리할 수 있는 근거는 예수님이 성취하신 십자가의 승리에 있습니다. 또한 예수님의 중보기도에 있습니다. 그런 까닭에 바울은 확신 속에서 넉넉한 승리를 선포합니다.

그러나 이 모든 일에 우리를 사랑하시는 이로 말미암아 우리가 넉넉히 이기느니라 롬 8:37

중보기도는 주님과 더불어 왕 노릇하는 것

바울은 하나님 아버지와 예수님과 성령님이 하신 일을 거듭 강조합니다. 하나님 아버지는 예수님을 보내셔서 구원의 일을 이루셨습니다. 또한 성령님은 예수님을 믿는 사람들을 거듭나게 하셔서 예수님을 닮게 하십니다. 성령님은 예수님의 피를 힘입어 하나님 아버지께 담대함과 확신을 갖고 나아가게 하십니다.

우리가 그 안에서 그를 믿음으로 말미암아 담대함과 확신을 가지고 하나님께 나아감을 얻느니라 엡 3:12

거듭 기억하십시오. 우리의 담대함과 확신은 우리의 선행과 도덕과 신념에 근거한 것이 아닙니다. 오직 하나님이 예수님을 통해 이루신 구원에 근거합니다. 예수님의 보혈에 근거합니다. 우리가 하나님 앞에 담대히 나아갈 수 있는 것은 오직 예수님의 보혈 때문입니다.

그러므로 형제들아 우리가 예수의 피를 힘입어 성소에 들어갈 담력을 얻 우리는 예수님의 보혈로 대속함을 받았습니다(벧전 1:18-19). 우리는 예수님의 보혈로 거룩함에 이릅니다. 우리 죄를 정결하게 하는 것은 오직 예수님의 보혈입니다. 고난이 우리를 거룩하게 하는 것 같지만, 고난은 우리를 거룩하게 하는 은혜의 수단입니다. 고난은 우리를 하나님께로 인도합니다. 고난이 우리를 회개하게 만들어 줍니다. 우리는 고난을 통해 우리 죄를 자복하게 됩니다. 그때 예수님의 보혈이 우리를 정결하게 함으로써 거룩함에 이르게 합니다.

하나님은 고난을 통해 일하시지만 고난을 찬양해서는 안 됩니다. 고난 예찬론자가 되어서는 안 됩니다. 우리가 찬양할 것은 예수님의 보혈입니다. 예수님의 보혈 속에 담긴 하나님의 긍휼과 사랑입니다.

하나님의 은혜는 우리를 죄에서 구원하신 것에서 끝난 것이 아닙니다. 더 있습니다. 더 풍성한 은혜가 우리를 기다리고 있습니다. 그것은 우리를 왕 같은 제사장으로 삼으신 것입니다.

그러나 너희는 택하신 족속이요 왕 같은 제사장들이요 벧전 2:9상

그냥 제사장이 아닙니다. 왕 같은 제사장입니다. 구약의 제사장은 왕이 될 수 없었습니다. 구약의 제사장은 제사장 역할만 행할 수 있었습니다. 하지만 우리는 왕 같은 제사장이 되었습니다. 우리는

구약에 의하면 결코 제사장이 될 수 없습니다. 그 이유는 우리가 레위 지파가 아니기 때문입니다. 또한 아론의 후손이 아니기 때문입니다. 그렇다면 우리가 왕 같은 제사장이 될 수 있는 근거는 무엇일까요? 바로 예수님입니다.

우리가 앞에서 살펴본 것처럼 예수님은 유다 지파에 속한 분입니다. 하지만 예수님은 멜기세덱의 반차를 좇아 왕 같은 제사장이 되셨습니다. 멜기세덱은 살렘 왕입니다. 평강의 왕입니다. 동시에 지극히 높으신 이의 제사장입니다. 왕과 제사장의 역할을 동시에 갖는 존재가 멜기세덱입니다. 우리가 믿는 대상은 아론이 아닙니다. 레위도 아닙니다. 우리가 믿고 의지하는 존재는 멜기세덱의 서열을 따라 왕이 되시고 대제사장이 되신 예수님입니다.

예수님을 믿음으로 예수님처럼 하나님의 자녀가 되었습니다. 하나님의 나라를 유업으로 받는 장자, 즉 상속자가 되었습니다. 예수님을 믿음으로 우리는 예수님의 서열을 따라 왕 같은 제사장이 된 것입니다. 아론과 그의 후손의 제사장 직분은 존귀한 것이었습니다. 히브리서 5장은 대제사장의 직분이 얼마나 존귀한 것인지를 보여 줍니다.

> 이 존귀는 아무도 스스로 취하지 못하고 오직 아론과 같이 하나님의 부르심을 받은 자라야 할 것이니라 히 5:4

이 말씀에서의 존귀는 제사장이 되는 존귀입니다. 이 존귀는 스스로 선택할 수 있는 것이 아닙니다. 오직 하나님의 부르심으로만 가능합니다. 즉, 레위 지파, 아론의 후손으로 태어나야 가능한 것입니다. 그런데 우리는 레위 지파, 즉 아론의 후손으로 태어난 것보다 더 놀라운 복을 받았습니다. 이제 우리는 예수님을 통해 유다의 후손으로 태어난 바 되었습니다. 또한 예수님을 통해 멜기세덱의 반차를 따라 왕 같은 제사장이 되었습니다. 아론의 제사장직이 존귀하다면 예수님을 통해 부르심을 받은, 왕 같은 제사장직은 더욱 존귀한 것입니다.

우리는 예수님을 통해 왕 같은 제사장이 되었습니다. 우리는 존귀한 자가 되었습니다. 또한 왕 같은 제사장으로서 중보기도자로 부름을 받았습니다. 중보기도란 하나님과 백성의 중간에서 백성을 위해 기도하는 것입니다. 자신을 위해서가 아니라 다른 사람을 위해, 다른 사람을 대신해서 기도하는 것입니다.

우리가 받은 중보기도의 직분은 존귀한 것입니다. 하나님은 우리를 예수님의 보좌에 함께 앉게 해주심으로써 예수님과 같이 왕 같은 제사장의 직분을 감당하도록 도와주십니다.

> 이기는 그에게는 내가 내 보좌에 함께 앉게 하여 주기를 내가 이기고 아버지 보좌에 함께 앉은 것과 같이 하리라 계 3:21

이동원 목사님은 《중보기도 파티》에서 중동의 왕들의 의자에 대한 흥미로운 이야기를 들려줍니다. 중동의 문화를 통해 왕 중의 왕의 보좌에 함께 앉게 된 우리의 특권을 상기시켜 줍니다.

- 한번은 터키의 박물관에 갔다가 재미있는 것을 발견했습니다. 중동
  지역의 옛날 왕들이 앉던 의자를 보았습니다. "왕의 의자"하면 엄청
  난 일인용 의자만을 생각했는데 실제로 보니 왕이 앉는 의자들이 상
  당히 길었습니다. 그러다가 어떤 문서를 읽었습니다.
  옛날 중동이나 소아시아 지역에서 왕들이 신하들에게 줄 수 있는 특
  권 하나가 있었다고 합니다. 신하가 대단한 업적을 세우면 잠시 이렇
  게 한다고 합니다. "자네 이리 올라오게. 내 옆에 앉게." 왕의 옆에 앉
  게 해주는 것입니다. … 그 순간은 그 신하도 왕입니다. 잠시지만 왕
  과 같은 자리에 앉도록 신하에게 줄 수 있는 최대의 특권을 내리는 것
  입니다.
  최대의 특권! 그때 번개처럼 "내 보좌에 함께"라는 계시록 말씀이 기
  억났습니다. 왕과 더불어 통치하는 자리, 부활하시고 승천하신 주님
  이 하나님 우편에서 온 세상을 위해 중보기도하며 다스리는 그 자리
  에 함께하는 것입니다. 우리가 주님과 같이 기도한다면 더불어 왕 노
  릇하는 것입니다. 그래서 우리는 이 중보기도가 주님만이 하시는 일
  인데 우리에게 손수 나누어 주신 사역이라는 것을 이해해야 합니다.

  / 이동원, 《중보기도 파티》, 두란노, 29쪽

중보기도는 최상의 사역입니다. 영광스러운 사역입니다. 존귀한
사역입니다. 중보기도자는 최상의 위치입니다. 예수님의 보좌에서

예수님과 함께 다스리고 중보하는 자리가 중보기도자의 자리입니다. 우리는 중동의 왕의 신하처럼 큰 공을 세운 사람들이 아닙니다. 왕의 의자에 함께 앉을 만한 어떤 일을 한 사람들이 아닙니다. 우리가 왕 중의 왕이시며 큰 대제사장이신 예수님의 보좌에 함께 앉아 왕처럼 다스리는 것은 오직 하나님의 은혜입니다. 예수님과 함께 중보기도를 드릴 수 있는 것은 오직 하나님의 은혜입니다.

≫ 하나님이 중보기도자에게 주시는 상

중보기도는 의무이지만 동시에 특권입니다. 구약에서 하나님의 은혜의 보좌 앞에 나아갈 수 있는 사람은 대제사장뿐이었습니다. 그것은 의무였지만 동시에 엄청난 특권이었습니다. 아무도 들어갈 수 없는 지성소, 아무도 대면할 수 없는 하나님을 대면하고, 그분의 음성을 듣는다는 것은 놀라운 특권입니다. 그 특권을 이제 우리가 받았습니다.

구약의 대제사장은 일 년에 한 번 지성소에 들어갔습니다. 그것도 두려움으로 들어갔습니다. 짐승의 피를 가지고 들어갔습니다. 하지만 우리는 아무 때나 어디서든지 은혜의 보좌 앞에 나아갈 수 있게 되었습니다. 중보기도를 믿음으로 드리는 중에 하나님이 예비하신 놀라운 상을 받을 수 있게 되었습니다. 중보기도자가 받게 된 상은 하나님을 대면하는 것입니다. 하나님과 친밀한 대화와 교제를 나누는 상입니다.

> 믿음이 없이는 하나님을 기쁘시게 하지 못하나니 하나님께 나아가는 자
> 는 반드시 그가 계신 것과 또한 그가 자기를 찾는 자들에게 상 주시는 이
> 심을 믿어야 할지니라 히 11:6

중보기도자가 누리는 상은 기도 응답을 경험하는 것입니다. 기도
응답을 통해 기쁨을 누리는 상입니다.

> 지금까지는 너희가 내 이름으로 아무것도 구하지 아니하였으나 구하라
> 그리하면 받으리니 너희 기쁨이 충만하리라 요 16:24

또한 기도 응답을 통해 하나님께 영광을 돌리는 상입니다.

> 너희가 내 이름으로 무엇을 구하든지 내가 행하리니 이는 아버지로 하여
> 금 아들로 말미암아 영광을 받으시게 하려 함이라 요 14:13

성도가 누리는 가장 큰 기쁨은 기도 응답을 통해 하나님 아버지
께 영광을 돌리는 것입니다. 하나님 아버지께 돌릴 수 있는 가장 큰
영광은 영혼 구원을 통해 돌려 드리는 영광입니다. 하나님의 가장
큰 관심과 기쁨은 영혼 구원에 있습니다. 한 영혼이 회개하고 돌아
올 때 하나님의 나라에서는 잔치가 베풀어집니다. 예수님이 십자가

에서 드린 중보기도는 죄인들을 위한 중보기도입니다.

> 그러나 그가 많은 사람의 죄를 담당하며 범죄자를 위하여 기도하였느니
> 라 사 53:12하

예수님의 중보기도를 통해 구원의 역사가 이루어졌습니다. 예수
님은 하나님 아버지의 기뻐하시는 뜻을 이루셨습니다. 자기 영혼의
수고한 것을 보고 만족함을 누릴 수 있었습니다.

> 그의 손으로 여호와께서 기뻐하시는 뜻을 성취하리로다 그가 자기 영혼
> 의 수고한 것을 보고 만족하게 여길 것이라 사 53:10하-11상

예수님의 중보기도는 간절한 기도였습니다. 애절한 기도였습니
다. 얼굴을 땅에 대고 드린 기도였습니다. 땀방울이 핏방울이 될 정
도로 간절한 기도였습니다. 예수님의 기도는 응답되었습니다.

> 그는 육체에 계실 때에 자기를 죽음에서 능히 구원하실 이에게 심한 통곡
> 과 눈물로 간구와 소원을 올렸고 그의 경건하심으로 말미암아 들으심을
> 얻었느니라 히 5:7

예수님의 기쁨은 구원의 기쁨이었습니다. 구원의 기쁨은 죄인을
위해 중보기도를 드리신 기도 응답의 기쁨이었습니다. 하나님은 예

수님과 우리의 중보기도를 통해 죄인을 구원하십니다. 멸망의 길로 달려가는 사람의 길을 멈추게 하십니다. 중보기도를 통해 죄인이 의인이 됩니다. 저주받은 자가 축복받은 자가 됩니다. 미움을 받던 자가 사랑받는 자가 됩니다. 하나님은 우리의 중보기도를 통해 뜻을 돌이키십니다. 모세가 기도할 때 하나님은 이스라엘 민족을 진멸하려고 했던 뜻을 돌이키셨습니다. 모세의 중보기도와 그 응답을 묵상해 보겠습니다.

> 어찌하여 애굽 사람들이 이르기를 여호와가 자기의 백성을 산에서 죽이고 지면에서 진멸하려는 악한 의도로 인도해 내었다고 말하게 하시려 하나이까 주의 맹렬한 노를 그치시고 뜻을 돌이키사 주의 백성에게 이 화를 내리지 마옵소서 출 32:12

> 여호와께서 뜻을 돌이키사 말씀하신 화를 그 백성에게 내리지 아니하시니라 출 32:14

이동원 목사님은 중보기도를 해야 하는 아주 중요한 이유를 잘 설명해 줍니다. 이 목사님은 하나님의 뜻 가운데 절대적인 뜻과 상대적인 뜻이 있다고 이야기합니다. 우리가 기도할 때 상대적인 뜻이 담긴 문제에 대해 하나님이 응답하심으로 그 뜻을 돌이켜 주신다는 것입니다.

우리가 기도했다고 역사에 대한 하나님의 주권이 바뀌는 것은 아닙니다. 그러나 하나님 역사의 큰 틀에서 많은 경우에 하나님의 절대적인 뜻이 아닌, 상대적인 뜻이 담긴 문제에 관해서는 우리가 기도하면 하나님께서 우리의 호소를 들으신다는 것입니다.

/ 이동원, 《중보기도 파티》, 두란노, 56쪽

모세가 중보기도를 드렸을 때 하나님이 금송아지 사건으로 이스라엘 백성을 진멸하려는 뜻을 거두십니다. 그들을 진멸하고 모세와 더불어 새로운 나라를 시작하려 했던 하나님의 뜻을 돌이키신 것입니다. 요나가 니느웨 성에 가서 하나님의 뜻을 전할 때 니느웨 사람들이 회개합니다. 그때 하나님이 그들에게 재앙을 내리려고 했던 뜻을 돌이키십니다.

하나님이 그들이 행한 것 곧 그 악한 길에서 돌이켜 떠난 것을 보시고 하나님이 뜻을 돌이키사 그들에게 내리리라고 말씀하신 재앙을 내리지 아니하시니라 은 3:10

하나님은 중보기도자들의 기도에 귀를 기울이십니다. 중보기도를 통해 구원의 역사를 이루십니다. 병을 고쳐 주십니다. 유혹에 빠지지 않도록 도와주십니다. 수렁에 빠졌을 때 건져 주십니다. 중보기도를 통해 기적을 일으켜 주십니다. 전쟁에서 승리하게 하십니다. 중보기도를 통해 형통하게 하십니다. 중보기도를 통해 초자연

적이며, 초월적인 기적을 일으켜 주십니다. 중보기도를 통해 죽은 자를 살리십니다. 준비기도란 없습니다. 기도 그 자체가 사역입니다. 가장 소중한 사역은 중보기도입니다. 하나님은 지금도 기도를 통해 모든 것을 이루십니다.

우리는 성령님의 중보기도와 예수님의 중보기도 때문에 구원을 받았습니다. 또한 영원한 안전 속으로 들어가게 되었습니다. 우리는 안전합니다. 하나님의 사랑에서 끊을 자가 없습니다. 하나님은 우리 편입니다. 누구도 우리를 정죄하거나 고발하거나 대적할 수 없습니다. 설령 그런 사람이 있다 할지라도 우리를 이길 수 없습니다. 왜냐하면 예수님이 우리를 위해 중보하고 계시기 때문입니다.

중보기도는 성숙한 기도입니다. 중보기도는 자신을 위한 기도가 아니라 다른 사람을 위한 기도입니다. 그런데 놀라운 사실은 다른 사람을 위해 기도할 때 우리에게 복이 임한다는 것입니다. 하나님이 모든 것을 더해 주시는 복을 경험하게 되는 것입니다. 먼저 하나님의 나라와 그 의가 이루어지기를 중보할 때 하나님은 모든 것을 더해 주십니다.

그런즉 너희는 먼저 그의 나라와 그의 의를 구하라 그리하면 이 모든 것을 너희에게 더하시리라 마 6:33

예수님과 함께 중보기도를 드리는 중에 놀라운 축복을 받아 누리고 나누기를 바랍니다.

하나님이 우리를 위하시면 아무도 우리
를 정죄할 수 없습니다. 죽으실 뿐 아니라
다시 살아나신 그리스도 예수께서 우리
를 위하여 간구하시기 때문입니다.

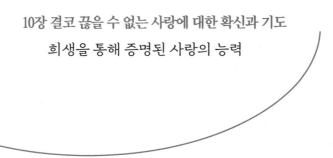

10장 결코 끊을 수 없는 사랑에 대한 확신과 기도
희생을 통해 증명된 사랑의 능력

로마서 8:35-39

>> 가장 고귀한 확신은 하나님의 사랑에 대한 확신이다

하나님을 믿는다는 것은 하나님의 사랑을 믿는 것입니다. 복음을 믿는다는 것은 복음 속에 담긴 하나님의 사랑을 믿는다는 것입니다. 바울은 하나님의 사랑을 경험한 사람입니다. 바울은 로마서 8장 마지막 부분에서 하나님의 사랑에 대한 확신을 선언합니다. 마틴 로이드 존스는 로마서 8장 35-39절을 강해하는 중에 다음과 같이 말합니다.

이 본문은 가장 놀라운 장의 장엄한 클라이맥스와 끝에 이르게 되었습니다. 성경 전체에서 볼 때에 아마 이보다 더 위대하고 더 놀라운 장은 없으리라 봅니다.

/ 마틴 로이드 존스,《로마서 강해 6》, CLC, 597쪽

바울의 외침을 들어 보십시오. 그는 비록 글로 이 말씀을 쓰고 있지만 그의 마음의 음성은 고조되어 있습니다. 그의 얼굴은 상기되어 있습니다. 외치지 않고는 견딜 수 없는 감격과 감동과 울림으로 이 글을 쓰고 있습니다.

> 누가 우리를 그리스도의 사랑에서 끊으리요 환난이나 곤고나 박해나 기근이나 적신이나 위험이나 칼이랴 기록된 바 우리가 종일 주를 위하여 죽임을 당하게 되며 도살당할 양같이 여김을 받았나이다 함과 같으니라 그러나 이 모든 일에 우리를 사랑하시는 이로 말미암아 우리가 넉넉히 이기느니라 내가 확신하노니 사망이나 생명이나 천사들이나 권세자들이나 현재 일이나 장래 일이나 능력이나 높음이나 깊음이나 다른 어떤 피조물이라도 우리를 우리 주 그리스도 예수 안에 있는 하나님의 사랑에서 끊을 수 없으리라 롬 8:35-39

바울의 확신은 하나님의 사랑에 대한 확신입니다. 하나님의 사랑을 통한 승리의 확신입니다. 어떤 것도 우리를 우리 주 그리스도 예수 안에 있는 하나님의 사랑에서 끊을 수 없다고 확신하고 있습니다. 놀라운 확신입니다. 고귀하며 복된 확신입니다. 그는 바로 하나

님의 사랑에 대한 확신 때문에 흔들림 없는 삶을 살았습니다.

바울은 하나님의 사랑에 사로잡힌 사람입니다. 그가 하나님의 사랑을 붙잡았다기보다 하나님의 사랑이 그를 붙잡았습니다. 그를 사로잡고 그를 움직였습니다. 바울이 여기서 강조하는 것은 하나님을 향한 우리의 사랑이 아닙니다. 그가 강조하는 것은 끊을 수 없는 그리스도의 사랑입니다(롬 8:35). 끊을 수 없는 그리스도 예수 안에 있는 하나님의 사랑입니다(롬 8:39).

우리는 바울을 통해 그리스도의 사랑을 배울 수 있습니다. 그리스도 안에 있는 하나님의 사랑을 배울 수 있습니다. 구약의 율법은 우리가 하나님을 사랑해야 한다고 강조합니다. 반면에 신약의 복음은 하나님이 우리를 사랑하신다는 사실을 강조합니다.

하나님의 사랑은 정죄하지 않는 사랑이다

바울이 이야기하는 하나님의 사랑은 만들어 낸 이론이 아닙니다. 그가 성령님을 통해 받은 계시입니다. 그가 경험한 사랑입니다. 그가 경험한 하나님의 사랑은 정죄하지 않는 사랑입니다. 바울은 로마서 8장 1절에서 놀라운 선언을 합니다.

그러므로 이제 그리스도 예수 안에 있는 자에게는 결코 정죄함이 없나니 롬 8:1

그리스도 예수 안에 있는 사람은 결코 정죄함이 없습니다. 죄인은 정죄를 받을 수밖에 없습니다. 그런데 정죄를 받지 않을 수 있는 길이 있습니다. 예수 그리스도 안에 거하는 것입니다. 죄를 짓게 되면 고발을 당하게 됩니다. 그런데 바울은 하나님이 택하신 자를 어느 누구도 고발할 수 없다고 말합니다. 또한 정죄할 수 없다고 말합니다.

> 누가 능히 하나님께서 택하신 자들을 고발하리요 의롭다 하신 이는 하나님이시니 누가 정죄하리요 롬 8:33-34상

우리가 아는 것처럼 우리는 죄인입니다. 그런데 하나님이 이 죄인을 사랑하십니다. 하나님은 죄를 미워하십니다. 하지만 죄인은 사랑하십니다. 바울은 이 사실을 강조합니다. 하나님이 우리를 사랑하신 때는 우리가 아직 죄인 되었을 때였습니다.

> 우리가 아직 죄인 되었을 때에 그리스도께서 우리를 위하여 죽으심으로 하나님께서 우리에 대한 자기의 사랑을 확증하셨느니라 롬 5:8

여기서 우리는 하나님의 사랑과 세상의 사랑의 차이를 발견하게 됩니다. 세상의 사랑은 조건적입니다. 사랑할 만한 이유가 있기 때문에 사랑합니다. 세상의 사랑은 "때문에"의 사랑입니다. "얼굴이 예쁘기 때문에, 젊기 때문에, 공부를 잘하기 때문에, 재능이 특출하

기 때문에, 돈이 많기 때문에, 가문이 좋기 때문에, 건강하기 때문에, 배경이 좋기 때문에."

그런데 하나님의 사랑에는 조건이 없습니다. 하나님의 사랑은 "그럼에도 불구하고"의 사랑입니다. "연약함에도 불구하고, 죄를 지었음에도 불구하고, 단점이 많은데도 불구하고, 장애가 있음에도 불구하고, 머리가 좋지 않음에도 불구하고, 배경이 좋지 않음에도 불구하고, 실패를 많이 했음에도 불구하고, 간음죄와 살인죄를 지었음에도 불구하고." 하나님의 사랑은 신비입니다. 인간의 이성으로는 이해가 되지 않습니다.

요한복음 8장에서 우리는 음행 중에 붙잡힌 여인과 예수님을 만납니다. 서기관들과 바리새인들이 음행 중에 붙잡은 여인을 끌고 와서 세운 후에 예수님께 말합니다. "이 여자가 간음하다가 현장에서 붙잡혔습니다. 모세는 율법에 의거해 이 여자를 돌로 치라 명했습니다. 예수님은 어떻게 말하실 겁니까?" 그들이 예수님께 이 여인을 고발할 조건을 얻고자 물었습니다. 그때 예수님이 아주 놀라운 말씀을 하십니다.

너희 중에 죄 없는 자가 먼저 돌로 치라 요 8:7하

이 말씀을 들은 모든 사람들이 양심의 가책을 느껴 이 여인을 떠나갑니다. 나중에 예수님과 여인만 남습니다. 예수님이 이 여인에게 말씀합니다.

여자여 너를 고발하던 그들이 어디 있느냐 너를 정죄한 자가 없느냐 대답
하되 주여 없나이다 요 8:10하-11상

예수님이 이 여인에게 말씀합니다.

나도 너를 정죄하지 아니하노니 가서 다시는 죄를 범하지 말라 하시니라
요 8:11

예수님은 간음하다가 붙잡힌 여인을 정죄하지 않으셨습니다. 그
리고 더 놀라운 말씀을 하십니다. "가서 다시는 죄를 범하지 말라."
이 말씀이 놀라운 까닭은 여인 안에 있는 변화의 가능성을 믿어 주
셨기 때문입니다. 여인을 신뢰해 주셨기 때문입니다. 여인 안에 있
는 아름다움을 보시고 그녀를 믿어 주신 것입니다.

예수님의 사랑은 정죄하지 않은 사랑으로 끝나지 않았습니다. 여
인 안에 있는 무한한 아름다움을 보셨습니다. 누군가를 정말 사랑
하게 되면 그 사람 안에 있는 나쁜 점을 찾아내지 않습니다. 그 사
람 안에 있는 좋은 점을 찾아내고, 좋은 점만 보게 됩니다.

영성가 중의 하나인 시에나의 캐서린은 그녀의 기도에 하나님의
사랑을 담았습니다. 그녀는 하나님의 사랑의 불을 찬양합니다. 영
성가인 그녀는 하나님을 사랑에 미친 분으로 담대하게 노래합니다.

■ 영원하신 아버지여,

아버지의 이 피조물을 언제 창조하셨나요?

제게 알려 주신 대로 아버지께서

우리를 지으신 이유는 하나뿐입니다.

사랑의 불이 자신을 강권하신 것을

아버지는 빛 가운데 보셨고,

그래서 우리가 아버지께 저지르게 될

악행에도 불구하고 우리를 만드셨습니다.

영원하신 아버지여,

그러니 아버지를 강권한 것은 불이었습니다.

오, 말로 다 할 수 없는 사랑이여,

무한히 선하신 아버지에 대해

피조물이 저지르게 될 모든 악을 보시고도 마치 못 보신 듯,

피조물의 아름다움에만 눈길을 두셨습니다.

그래서 사랑에 취하여 미친 사람처럼 피조물과 사랑에 빠지셨습니다.

아버지는 불이십니다.

자신이 지으신 것에 미치신 오직 사랑의 불이십니다.

– 시에나의 캐서린의 기도서

/ 브레넌 매닝, 《하나님의 맹렬한 사랑》, 두란노, 73-74쪽, 재인용

놀라운 표현입니다. 피조물이 저지르게 될 모든 악을 보시고도
마치 못 보신 듯, 피조물의 아름다움에만 눈길을 두셨다는 표현이
큰 울림으로 다가옵니다. 예수님의 제자들은 정죄를 받아야 했습니

다. 예수님이 십자가에 돌아가실 때 가룟 유다는 예수님을 팔았습니다. 베드로는 예수님을 세 번이나 부인했습니다. 모든 제자들이 예수님 곁을 떠났습니다. 예수님은 바로 그런 제자들을 사랑하셨습니다. 정죄하지 않으셨습니다. 특별히 베드로가 예수님을 세 번 부인했을 때 예수님이 그를 바라보십니다.

> 주께서 돌이켜 베드로를 보시니 베드로가 주의 말씀 곧 오늘 닭 울기 전에 네가 세 번 나를 부인하리라 하심이 생각나서 밖에 나가서 심히 통곡하니라 눅 22:61-62

저는 이 장면을 생각할 때마다 가슴이 뭉클해집니다. 베드로가 세 번째 예수님을 부인했을 때 바로 그 자리에 예수님이 계셨습니다. 예수님이 들으시는 그 자리에서 예수님을 부인했습니다. 그때 가시던 길을 멈추시고 돌이켜 베드로를 바라보셨습니다. 그 순간 예수님은 어떤 눈빛이었을까요?

만일 당신이 예수님을 세 차례나 부인했다면, 제자로서의 자격을 상실했다고 생각하지 않겠는가? 베드로는 자포자기에 빠졌을 것이다. 그러나 주님의 눈길이 베드로의 삶을 변화시켰다. 복음서 기록의 행간을 읽자면, 주님의 눈길에는 정죄의 기색이 전혀 없었다.

/ 마크 배터슨,《이프》, 더드림, 289쪽

우리는 하나님이 우리를 바라보시는 눈길을 생각할 때 부정적인
상상을 하게 됩니다. 우리는 하나님의 눈빛을 생각할 때 정죄의 눈
빛을 생각합니다. 우리가 잘못한 것을 찾아내어 불만을 드러내시는
분으로 오해합니다. 그것은 하나님의 사랑에 대한 오해입니다.

우리는 하나님이 좋지 않은 이유로 우리를 주시하신다고 하는 그릇된
생각을 갖고 있다. 어떤 잘못을 찾아내기 위해 우리를 보고 계시다는
것이다. 하나님은 만물을 꿰뚫어 보는 눈으로 우리를 주시하신다. 그
는 결코 우리에게서 시선을 거두지 않으신다. 하지만 그것은 우리에
게서 무슨 잘못을 찾아내기 위함이 아니다. 그가 우리에게서 시선을
떼지 못하시는 이유는 우리가 그의 눈동자 같은 존재이기 때문이다.
그는 우리를 너무나 사랑하므로 눈길을 돌리지 못하신다!

/ 마크 배터슨, 《이프》, 더드림, 289-290쪽

이것은 하나님의 사랑의 신비입니다. 하나님의 사랑의 능력입니
다. 하나님의 사랑의 능력은 사랑을 통해 사랑하는 대상을 사랑스
럽게 만드는 것입니다.

"주께서 저를 사랑하심으로 사랑스럽게 하셨나이다." - 성 어거스틴

우리가 정죄를 받지 않게 된 가장 중요한 이유가 있습니다. 예수
님이 우리 대신 정죄를 받으신 까닭입니다. 우리 대신 우리 죄를 담

당하시고, 우리 대신 정죄를 받으시고, 심판을 받으셨습니다. 형벌을 받으셨습니다. 십자가에서 죗값을 지불하셨습니다. 거기서 끝난 것이 아닙니다. 예수님은 다시 살아나셨습니다. 그러므로 누구든지 그리스도 예수 안에 있으면 정죄가 없습니다. 예수님이 정죄를 받으셨기 때문입니다. 또한 하나님 아버지께서 사랑하는 독생자를 통해 우리를 보시는 까닭에 우리는 더욱 사랑스럽습니다.

하나님의 사랑은 넉넉히 이기게 한다

우리는 전쟁터에서 살고 있습니다. 특별히 영적 전쟁을 치르고 있습니다. 가장 무서운 전쟁터는 우리 마음입니다. 사탄은 우리 마음을 공격합니다. 그래서 우리를 불안하게 만듭니다. 두려워하게 만듭니다. 하나님의 사랑을 의심하게 만듭니다. 하나님의 구원의 확신을 흔들어 놓습니다. 옛 뱀이 하와를 찾아와 심어 준 것이 의심이었습니다. 의혹이었습니다. 하나님의 말씀을 오해하게 만들었습니다. 지금도 여전히 사탄은 같은 방법을 쓰고 있습니다.

옛 뱀이 아담과 하와에게 품게 한 것은 하나님의 사랑에 대한 의심입니다. 하나님이 그들을 사랑한다면 왜 선악과를 못 먹게 하느냐고 묻습니다. 왜 선악과를 주지 않느냐고 의문을 품게 합니다. 선악과에 무언가 있다는 듯 말합니다. 하나님이 그것을 아끼는 이유가 있다는 것입니다. 바울은 옛 뱀의 전략을 알고 있습니다. 그래서 로마에 살고 있는 성도들에게 하나님의 사랑을 의심해서는 안 될 이유를 설명합니다. 그것은 하나님이 우리를 사랑하셔서 자기 아들까지 아끼지 않으셨다는 것입니다.

자기 아들을 아끼지 아니하시고 우리 모든 사람을 위하여 내주신 이가 어찌 그 아들과 함께 모든 것을 우리에게 주시지 아니하겠느냐 롬 8:32

바울은 하나님이 자기 아들을 아끼지 아니하시고 내어 주실 만큼 우리를 사랑하신다고 말씀합니다. 사랑은 희생을 통해 증명됩니다. 하나님은 가장 소중한 독생자를 아끼지 않고 희생하심으로써 우리를 향한 하나님의 사랑을 증명하셨습니다. 우리가 고난 많은 이 세상에서 승리하는 길은 하나님의 사랑을 알고 신뢰하는 것입니다. 또한 하나님의 사랑의 능력을 알아야 합니다. 그 능력은 승리하게 하는 능력입니다. 넉넉히 이기게 하는 능력입니다.

우리가 넉넉히 이기기 위해서는 사탄이 무엇을 가지고 공격하는가를 알아야 합니다. 로마서 8장 35절에서 사탄은 7가지로 우리를 공격합니다. 바울이 말하는 7가지는 그가 경험했던 것입니다.

누가 우리를 그리스도의 사랑에서 끊으리요 환난이나 곤고나 박해나 기근이나 적신이나 위험이나 칼이랴 롬 8:35

첫째, 환난(患難)입니다.

환난은 극한 어려움을 의미합니다. 환난은 누구에게나 찾아옵니다. 환난은 재난과 시련을 의미합니다. 우리는 환난이 찾아올 때 환난을 잘 이해하고 해석해야 합니다. 잘 반응해야 합니다. 어떤 환난은 혹독합니다. 바울이 경험한 환난은 살 소망까지 끊어질 정도였습니다.

형제들아 우리가 아시아에서 당한 환난을 너희가 모르기를 원하지 아니하노니 힘에 겹도록 심한 고난을 당하여 살 소망까지 끊어지고 고후 1:8

바울은 엄청난 환난 중에 깨달은 것이 있었습니다. 그것은 환난 속에 감춰진 이유였습니다. 그가 환난 중에 깨달은 것을 다음과 같이 말합니다.

우리는 우리 자신이 사형 선고를 받은 줄 알았으니 이는 우리로 자기를 의지하지 말고 오직 죽은 자를 다시 살리시는 하나님만 의지하게 하심이라 고후 1:9

그는 환난 중에 자신을 의지하지 않고 오직 죽은 자를 다시 살리시는 하나님을 의지했습니다. 그는 부활의 하나님을 의지했습니다. 하나님의 사랑을 의지했습니다.

둘째, 곤고(困苦)입니다.

헬라어로 곤고는 '방의 좁음'을 의미합니다. 곤고는 좁은 공간에 간혀 여유가 없는 것입니다. 좁은 공간에 고립된 느낌입니다. 좁은 공간에 갇혀 괴로움을 당하는 것입니다. 감옥에 갇혀 있는 느낌입니다. 이때는 불안합니다. 외롭습니다. 모든 것이 끝난 것 같습니다. 세례 요한은 감옥에 갇혀 있을 때 의심의 늪에 잠시 빠졌습니다.

셋째, 박해(迫害)입니다.

박해는 은근히 괴롭히는 것이 아닙니다. 박해는 아주 드러내 놓고 괴롭히는 것입니다. 못살게 구는 것입니다. 손해를 입히는 것입니다. 이것이 예수님을 믿는 사람들이 경험하는 핍박입니다. 바울은 한때 예수님을 믿는 사람들을 핍박했습니다. 스데반을 돌에 맞아 죽게 만들었습니다. 하지만 스데반은 자신의 믿음을 포기하지 않았습니다. 핍박을 받으면서 오히려 자신을 핍박하는 사람들을 용서했습니다. 그리스도의 사랑으로 용서한 것입니다. 바울은 그날 충격을 받았습니다. 나중에 예수님이 바울을 만나 주셨습니다. 예수님의 사랑을 경험한 바울은 그날 이후로 수많은 박해를 받았습니다. 하지만 그는 스데반처럼 예수님을 바라보았습니다. 그리함으로 박해를 이겨 냈습니다.

넷째, 기근(饑饉)입니다.

기근은 흉년 때문에 임한 가난입니다. 우리 인생에도 가끔 흉년이 찾아옵니다. 기근은 가난입니다. 경제적 어려움입니다. 초대교회 성도들은 예수님을 믿는 것 때문에 집에서 쫓겨났습니다. 직장을 잃었습니다. 바울은 예수님 때문에 굶을 때가 많았습니다. 예수님을 믿고 정직하게 사는 것 때문에 손해를 보기도 합니다.

다섯째, 적신(赤身)입니다.

적신은 입지 못하고 자지 못하고 헐벗는 것을 의미합니다. 우리는 적신으로 왔다가 적신으로 돌아갑니다. 하지만 적신은 고통스러운 경험입니다. 바울이 나열한 목록은 자신이 다 경험한 내용들입니다.

> 또 수고하며 애쓰고 여러 번 자지 못하고 주리며 목마르고 여러 번 굶고 춥고 헐벗었노라 고후 11:27

여섯째, 위험(危險)입니다.

위험은 위태하고 험한 경험을 하는 것입니다. 예수님을 믿는 길은 좁은 길입니다. 하나님의 말씀대로 살려고 하면 위험에 직면하게 됩니다. 직장을 잃을 수도 있습니다. 질병의 위험에 노출되기도 합니다. 때로는 목숨의 위협을 받기도 합니다.

일곱째, 칼입니다.

칼은 생명을 위협하는 것입니다. 칼은 전쟁을 의미합니다. 인간은 죽음의 위협 앞에 약합니다. 초대교회 성도들의 모습은 도살당하기 직전의 양의 모습이었습니다.

> 기록된 바 우리가 종일 주를 위하여 죽임을 당하게 되며 도살당할 양같이 여김을 받았나이다 함과 같으니라 롬 8:36

10장 결코 끊을 수 없는 사랑에 대한 확신과 기도

하지만 우리는 하나님의 사랑으로 승리할 수 있습니다. 바울이 당했던 고난을 들어보면 놀랄 수밖에 없습니다.

그들이 그리스도의 일꾼이냐 정신없는 말을 하거니와 나는 더욱 그러하도다 내가 수고를 넘치도록 하고 옥에 갇히기도 더 많이 하고 매도 수없이 맞고 여러 번 죽을 뻔하였으니 유대인들에게 사십에서 하나 감한 매를 다섯 번 맞았으며 세 번 태장으로 맞고 한 번 돌로 맞고 세 번 파선하고 일 주야를 깊은 바다에서 지냈으며 여러 번 여행하면서 강의 위험과 강도의 위험과 동족의 위험과 이방인의 위험과 시내의 위험과 광야의 위험과 바다의 위험과 거짓 형제 중의 위험을 당하고 고후 11:23-26

바울이 로마서를 쓸 때 그는 그의 지나온 날들을 돌아보았을 것입니다. 수많은 환난과 박해와 핍박과 죽음의 위험과 곤고가 떠올랐을 것입니다. 하지만 그는 승리할 수 있었습니다. 그것은 그리스도의 사랑 때문이었습니다.

그러나 이 모든 일에 우리를 사랑하시는 이로 말미암아 우리가 넉넉히 이기느니라 롬 8:37

우리를 사랑하시는 분이 우리로 하여금 넉넉히 이기게 하십니다. 그분은 예수님이십니다. 예수님은 이미 승리하셨습니다. 십자가를 지시기 직전에 예수님은 제자들에게 환난을 예고하셨습니다. 하지만 담대하라고 말씀하십니다. 그 이유는 예수님이 이미 세상을 이기신 까닭입니다.

> 세상에서는 너희가 환난을 당하나 담대하라 내가 세상을 이기었노라
> 요 16:33하

우리가 세상에서 환난을 당하고 싸움터의 현장에 있을 때 우리를 돕는 분이 계십니다. 우리를 응원하는 분이 계십니다. 우리가 승리하도록 도와주시는 분이 계십니다. 예수님이십니다. 또한 성령님이십니다. 마크 배터슨은 우리가 넉넉히 이기도록 도우시는 예수님의 사랑을 코너맨에 비유했습니다.

■ 당신이 안젤로 던디를 모를 수 있지만 무하마드 알리에 대해서는 들어본 적이 있을 것이다. 안젤로 던디는 20여 년 동안 무하마드 알리의 코너에 있었다. 그는 알리의 코너맨이었다. 알리로 하여금 나비처럼 날아서 벌처럼 쏘게 한 사람이 바로 그였다. 또한 그는 열다섯 명의 다른 복싱 세계 챔피언들을 길러냈다.
안젤로 던디는 코너맨으로서의 자신의 직업을 이렇게 묘사했다.
"파이터와 함께 일하는 사람은 외과 의사이자 엔지니어이자 심리학자다."
우리의 코너맨이신 예수 그리스도를 이보다 더 잘 묘사할 순 없다고 나는 생각한다.

디모데전서 6:12에서, 바울은 "선한 싸움을 싸울 것"을 권면한다. 우리가 한두 차례 녹다운 당하기도 할 것이다. 그러나 사망 자체에 대항하여 3라운드를 뛰셨던 코너맨이 우리와 함께하신다. 그는 십자가에서 녹다운 당하셨고, 마귀는 녹아웃 승을 거두었다고 생각했다. 하지만 예수님은 사흘 후에 다시 일어나셨다. 죄와 사망에 대한 싸움에서 승리하여 무덤에서 걸어 나가셨다. 지금 그는 어디에 계시는가? 아버지 우편에서 우리를 위해 중재하고 계신다. 달리 말해서, 그리스도께서 우리의 코너에 계신다.

/ 마크 배터슨, 《이프》, 더드림, 281쪽

코너맨은 권투 선수가 권투 경기를 할 때 코너에서 선수를 응원해 주는 사람입니다. 1라운드가 끝나면 선수는 코너로 돌아옵니다. 그때 코너맨이 의자를 놓아 주고, 물을 마시게 해주고, 땀을 닦아 줍니다. 상처를 어루만져 줍니다. 그리고 어떻게 다음 라운드에서 싸울 것인지 코치를 해줍니다. 용기를 불어넣어 줍니다.

하나님은 우리가 넉넉히 이길 수 있도록 예수님과 함께 성령님을 보내 주셨습니다. 마크 배터슨은 예수님뿐만 아니라 성령님도 우리를 도와주시는 코너맨이라고 말합니다.

■ 예수님은 성령을 보혜사라 부르셨는데, 이는 "위로자" 또는 "상담자"라는 뜻이다. 그러나 나는 코너맨이라는 표현을 더 좋아한다. "보혜사"에 해당하는 "파라클레토스"는 군사 용어로서, 서로 등을 맞대고

서 백병전을 벌이는 로마 병사들을 가리킨다. 이들은 서로의 후방과 사각지대를 지켜 주었다. 성령이 하시는 일이 바로 이런 것이다.

/ 마크 배터슨, 《이프》, 더드림, 281-282쪽

마크 배터슨은 "더블 축복"이라는 말을 좋아합니다. 장자는 두 몫의 축복을 받습니다. 그와 같이 예수님을 믿는 사람은 "더블 축복"을 받는다는 것입니다. 예수님과 성령님이 함께 중보기도를 해 주심으로 우리를 도와주십니다. 그것이 더블 축복입니다. 우리는 거듭 예수님과 성령님이 우리를 위해 중보기도 하고 계심을 알아야 합니다. 바울은 로마서 8장에서 먼저 성령님의 중보기도를 언급합니다.

이와 같이 성령도 우리의 연약함을 도우시나니 우리는 마땅히 기도할 바를 알지 못하나 오직 성령이 말할 수 없는 탄식으로 우리를 위하여 친히 간구하시느니라 롬 8:26

성령님은 우리의 연약함을 돕기 위해 기도하십니다. 또한 바울은 예수님의 중보기도를 언급합니다.

이는 그리스도 예수시니 그는 하나님 우편에 계신 자요 우리를 위하여 간구하시는 자시니라 롬 8:34하

우리는 또한 하나님의 창조의 은혜와 구속의 은혜를 받은 사람들입니다. 더블 축복을 받은 사람들입니다. 하나님은 우리를 한 번 위하신 것이 아니라 두 번 위하신 분입니다. 하나님의 사랑은 우리를 위하시는 사랑입니다. 우리가 전쟁터에 있을 때 우리를 돕는 분이 계십니다. 하나님이십니다. 바울의 외침을 들어 보십시오.

만일 하나님이 우리를 위하시면 누가 우리를 대적하리요 롬 8:31하

우리가 넉넉히 이길 수 있는 것은 우리가 강해서가 아닙니다. 우리는 연약합니다. 자주 넘어집니다. 자주 실수합니다. 그럼에도 불구하고 넉넉히 이길 수 있는 것은 하나님이 우리를 도와주시기 때문입니다. 하나님이 우리와 함께하시면 우리를 대적할 자가 없습니다. 승리의 비결은 그리스도의 사랑에 있습니다. 그리스도의 사랑은 곧 십자가의 사랑입니다. 십자가의 사랑은 죄인을 긍휼히 여기는 사랑입니다. 죄인을 위해 대신 희생하시는 사랑입니다. 용서하시는 사랑입니다. 새로운 희망을 주시는 사랑입니다. 그리스도의 사랑이 이깁니다. 우리는 그리스도의 사랑으로 이깁니다. 그리스도의 사랑의 도움으로 이깁니다.

하나님의 사랑은 어떤 것도 끊을 수 없다

바울은 하나님의 사랑으로 결론을 맺고 있습니다. 로마서 8장 35절에서 바울은 그리스도의 사랑을 이야기했습니다. 이제 마지막 부분에서 그리스도 예수 안에 있는 하나님의 사랑을 이야기합니다. 그 사랑에서 우리를 끊을 것은 어떤 것도 없다고 선언합니다.

> 내가 확신하노니 사망이나 생명이나 천사들이나 권세자들이나 현재 일이나 장래 일이나 능력이나 높음이나 깊음이나 다른 어떤 피조물이라도 우리를 우리 주 그리스도 예수 안에 있는 하나님의 사랑에서 끊을 수 없으리라 롬 8:38-39

바울은 하나님의 사랑에서 끊을 수 없는 것들을 나열합니다. 사망, 생명, 천사들, 권세자들, 현재 일, 장래 일, 능력, 높음, 깊음, 다른 어떤 피조물을 나열합니다. 여기서 말하는 생명은 세상에서의 유한한 생명입니다. 천사들이나 권세자들은 타락한 천사와 악한 권세자들을 의미합니다. 현재 일은 우리가 지금 당하고 있는 환난입니다. 장래 일은 이 땅에 살면서 미래에 당할 수 있는 고난입니다. 또한 우리를 괴롭히는 악한 능력, 높음과 깊음의 세력까지 모두 언급하고 있습니다.

바울은 계시를 통해 이 모든 것들보다 더 놀라운 하나님의 사랑을 알고 있습니다. 우리가 생각하는 사랑은 우리 지식과 이성에 의해 제한을 받습니다. 그래서 우리 지식을 초월하고 능가하는 계시가 필요합니다. 우리 지식에 넘치는 지식이 필요합니다.

> 믿음으로 말미암아 그리스도께서 너희 마음에 계시게 하시옵고 너희가 사랑 가운데서 뿌리가 박히고 터가 굳어져서 능히 모든 성도와 함께 지식에 넘치는 그리스도의 사랑을 알고 그 너비와 길이와 높이와 깊이가 어떠함을 깨달아 하나님의 모든 충만하신 것으로 너희에게 충만하게 하시기를 구하노라 엡 3:17-19

바울은 성도들이 지식에 넘치는 그리스도의 사랑을 알기를 원했습니다. 지식에 넘친다는 것은 우리 지식보다 더욱 뛰어난 지식을 의미합니다. 더 탁월한 지식을 의미합니다. 그 지식은 계시, 즉 성령님의 깨달음을 통해 임하게 됩니다. 그래서 깨닫는 것이 은혜입니다. 바울은 하나님의 사랑을 깨달았습니다. 그리스도의 사랑의 너비, 길이, 높이, 그리고 깊이를 알았습니다. 그리스도의 사랑은 모든 만물보다 탁월합니다. 충만합니다. 강력합니다. 맹렬합니다. 그런 까닭에 그 사랑에서 우리를 끊을 자가 없습니다.

하나님의 사랑은 논리적으로 설명할 수 없습니다. 논리는 법칙을 의미합니다. 물론 하나님은 논리나 법칙을 소중히 여기십니다. 하지만 하나님의 사랑은 논리나 법칙을 초월합니다. 죄의 법칙은 사망입니다. 심판입니다. 정죄입니다. 저주입니다. 파멸입니다. 그런데 죄의 법칙보다 더욱 신비로운 법이 있습니다. 생명의 성령의 법

입니다. 은혜의 법입니다. 믿음의 법입니다. 사랑의 법입니다. 하나
님의 사랑, 즉 아가페의 사랑은 무조건적입니다. 우리의 행위와 상
관없습니다.

> 하나님의 사랑은 무조건적이다. 하나님이 이미 우리를 완벽하게, 영
> 원히 사랑하시기 때문에 하나님의 사랑을 입기 위해 우리가 할 수 있
> 는 일은 거의 없다. 우리가 그 사랑에 보답하지 못한다고 해서 그 사랑
> 이 제지되거나 중단되거나 감소되진 않는다.
>
> / 마크 배터슨,《이프》, 더드림, 293쪽

　하나님의 사랑의 특징은 공급이 무한대라는 것입니다. 인간의 사
랑은 유한합니다. 그 에너지가 유한합니다. 어느 정도 사랑을 베풀
다가 지쳐 버리고 맙니다. 또한 상대방이 좋은 반응을 보이지 않을
때 우리의 사랑은 식어 버립니다. 심지어는 미움으로 변해 버립니
다. 하지만 하나님의 사랑은 오히려 우리의 최악의 순간에 더욱 다
가오시는 사랑입니다.

> 어떤 사람이 최선의 상황에 있을 때 그를 사랑하는 건 쉽다. 그의 상황
> 이 최악일 때에는 어떠할까? 쉽지 않을 것이다. 하지만 이것이 참 사
> 랑을 시험할 수 있는 때다. 우리의 사랑은 상대적인 반응을 보이는 경
> 향이 있지만, 하나님의 사랑은 주도적이다. 주고받는 것이 아니라 계
> 속 생산해낸다. 우리가 기대하지도 않고 받을 자격조차 없을 때에도

하나님은 우리를 여전히 사랑하신다. 우리가 최악의 모습일 때에도 그는 최선의 사랑을 베푸신다.

/ 마크 배터슨, 《이프》, 더드림, 293쪽

가장 강력한 끈은 하나님의 사랑의 끈입니다. 그 끈을 끊을 것은 어떤 것도 없습니다. 우주 속에 있는 어떤 것도 하나님이 우리를 사랑하시는 사랑의 끈을 끊을 수 없습니다. 심지어 우리 스스로도 그 사랑의 끈을 끊을 수 없습니다. 문제는 우리가 얼마나 하나님을 사랑하느냐에 있지 않습니다. 바울은 지금 우리가 얼마나 하나님을 사랑해야 하는지를 말하고 있지 않습니다. 그는 하나님이 얼마나 우리를 사랑하고 계시는지를 말하고 있습니다. 그 사랑을 풍족하게 받아 누리라고 말하고 있습니다.

하나님의 풍족한 사랑을 받을 때 우리는 예수님처럼 다른 사람을 사랑할 수 있습니다. 중요한 것은 먼저 하나님의 사랑을 받는 것입니다. 지속적으로 하나님의 사랑을 공급받는 것입니다. 하나님의 사랑을 경험하면 우리는 하나님처럼 사랑할 수 있게 됩니다. 공급이 넉넉할 때 넉넉하게 나눌 수 있습니다. 공급이 넉넉할 때 넉넉하게 승리할 수 있습니다. 바울의 확신은 성령님의 계시로부터 왔습니다. 그가 하나님께 받은, 어떤 것도 끊을 수 없는 사랑의 경험을 통해 주어졌습니다.

≫ 하나님의 사랑은 역전의 승리다

바울이 깨닫고 경험한 사랑의 승리는 역전의 승리입니다. 예수님이 십자가에서 우리를 위해 전쟁을 치르셨습니다. 예수님이 십자가에서 죽으셨을 때 사탄은 끝났다고 생각했습니다. 전쟁이 끝났다고 생각했습니다. 하지만 전쟁이 끝난 것은 아니었습니다. 게임은 연장전에 돌입했습니다. 예수님은 죽으신 지 사흘 만에 무덤에서 걸어 나오셨습니다. 그리고 사탄의 머리를 치셨습니다. 죽음을 죽이셨습니다. 사망을 사망시키셨습니다. 죄를 죽였습니다. 저주를 저주했습니다. 죽으시고 다시 살아나심으로 역전승을 거두신 것입니다.

역전의 승리는 정말 즐겁습니다. 뒤처지는 경험은 괴롭지만 뒤처지는 중에 다시 힘을 내어 따라잡아 승리할 때 기쁨이 넘칩니다. 많이 뒤처져 있다가 따라잡았을 때 그 기쁨은 더욱 커집니다. 예수님이 십자가에서 죽으셨을 때 많이 뒤처져 있었습니다. 사흘이나 뒤처져 있었습니다. 그런데 사흘 만에 다시 일어나셨습니다. '게임 체인저'가 등장한 것입니다.

게임 체인저(game changer)란 어떤 흐름을 통째로 바꾸거나 판도를 뒤집어 놓는 결정적인 역할을 하는 사람입니다. 게임 체인저가 등장하면 모든 것이 순식간에 바뀝니다.

죽으신 예수님께 찾아온 게임 체인저는 성령님이십니다. 성령님이 죽으신 예수님의 몸에 임했습니다. 놀라운 능력입니다. 그 능력으로 예수님을 다시 살리셨습니다. 성령님은 예수님의 연약함을 도우셨습니다.

바울이 로마서 8장에서 예수님에 대해 언급할 때 거듭 죽으셨다가 다시 살아나셨다는 사실을 강조합니다(롬 8:34). 또한 성령님이 예수님을 죽은 자 가운데서 다시 살리셨다고 말합니다(롬 8:11). 이것이 놀라운 하나님의 사랑의 방식이요, 승리의 방식입니다. 그것은 역전입니다. 반전입니다.

하나님의 사랑은 치유와 회복의 능력입니다. 하나님의 사랑은 다시 기회를 주시는 사랑입니다. 우리 중에 암 투병을 하는 사람이 있을 것입니다. 이혼의 고통을 겪고 있는 사람도 있을 것입니다. 가난과 빚에 시달리는 사람도 있을 것입니다. 사업에 실패해서 좌절하는 사람도 있을 것입니다. 수치스러운 실수로 괴로워하는 사람도 있을 것입니다. 하지만 아직 게임은 끝나지 않았습니다.

하나님의 사랑으로 역전될 수 있습니다. 하나님의 사랑이 역사하면 어떤 중독도 치유됩니다. 어떤 가난도 극복됩니다. 어떤 죄도 용서받을 수 있습니다. 어떤 상처도 치료받을 수 있습니다. 아무리 나쁜 상황이라도 하나님의 사랑이면 충분합니다. 그 이유는 하나님이 모든 것을 합력하여 선을 이루시기 때문입니다. 사도 바울을 생각해 보십시오. 그는 비방자요, 박해자요, 폭행자였습니다(딤전 1:13). 그는 스데반을 죽음으로 몬 살인자였습니다. 하지만 하나님이 그의 생애에 개입하심으로써 모든 것이 달라졌습니다.

우리를 기다리는 것은 역전의 드라마입니다. 영원한 행복입니다. 그러므로 낙심하지 마십시오. 절망하지 마십시오. 예수님과 성령님이 우리가 싸우고 있는 링의 코너에서 기다리고 계십니다. 싸우다가 지칠 때 코너로 가면 안식을 제공해 주십니다. 치유해 주십니다. 승리할 수 있는 길을 코치해 주십니다. 나중에는 코너맨으로 뒤에 계시다가 우리와 함께 링에 올라 싸워 주십니다. 보이지 않는 모습으로 함께 싸워 주십니다. 예수님과 성령님이 보이지 않게 우리 앞과 뒤에서 함께 싸워 주십니다.

> 여호와께서 너희 앞에서 행하시며 이스라엘의 하나님이 너희 뒤에서 호위하시리니 사 52:12상

예수님과 성령님이 각각 앞에서 행하시고 뒤에서 호위해 주십니다. 앞뒤에서 각각 도와주십니다. 그런 까닭에 우리는 넉넉히 이길 수 있습니다. 우리의 확신은 우리의 능력과 믿음과 사랑과 명철에 있지 않습니다. 오직 하나님의 사랑에 있습니다. 바울은 그가 하나님의 사랑에 사로잡혀 살았다고 고백합니다.

> 그리스도의 사랑이 우리를 강권하시는도다 고후 5:14상

강권하다는 말씀은 사로잡혀 있다는 뜻입니다. 사람들은 무엇엔가 사로잡혀 살아갑니다. 어떤 사람은 두려움, 과거의 상처, 미움, 복수심, 죄책감에 사로잡혀 삽니다. 어떤 사람은 실패의식과 좌절감에 사로잡혀 삽니다. 어떤 사람은 돈과 쾌락과 마약에 사로잡혀

삽니다.

예수님이 오신 것은 바로 그런 나쁜 사로잡힘에서 우리를 자유하게 하시기 위함입니다. 예수님께 우리 인생을 맡기면 예수님은 이 모든 것들로부터 자유하게 해주십니다. 그 대신 예수님은 우리가 하나님의 사랑에 사로잡혀 살기를 원하십니다. 그것이 승리의 비결입니다. 언제나 사랑을 선택하십시오.

나이가 들었다고 낙심하지 마십시오. 약하다고 낙심하지 마십시오. 가난하다고 낙심하지 마십시오. 가진 것이 없다고 낙심하지 마십시오. 아직 게임은 끝나지 않았습니다. 경주는 아직 끝나지 않았습니다. 예수님은 먼저 된 자가 나중 되고 나중 된 자가 먼저 된다고 말씀하셨습니다. 어떻게 나중 된 자가 먼저 될 수 있을까요? 하나님이 개입하시면 됩니다. 하나님은 게임 체인저이십니다. 게임 체인저이신 하나님을 우리의 삶 속에 초청해야 합니다. 우리 인생에 개입하시도록 초청해야 합니다. 그 순간 우리 인생의 판도가 바뀌기 시작할 것입니다.

게임 체인저가 하는 일은 우리가 게임을 잘하도록 이끌어 주는 것입니다. 곧 막판 뒤집기를 할 수 있도록 도와주는 것입니다. 게임 체인저는 '라스트 스퍼트'(last spurt)를 잘하도록 힘을 불어넣어 주고, 응원해 주는 역할입니다. 스포츠 경기에서 게임의 마지막 순간에 속도를 높이는 현상을 '라스트 스퍼트' 또는 '막판 스퍼트'라고 말합니다.

'라스트 스퍼트'란 수영 경기나 달리기 경기 따위에서, 코스의 마지막 5분의 1 정도의 거리를 남겼을 때 있는 힘을 다하여 헤엄치거나 달리는 일.

– 네이버 국어사전

    캐나다의 스포츠 사이언스 저널리스트인 알렉스 허친슨은 인간의 지구력과 인내력을 탐구한 책을 썼습니다. 책 제목은《인듀어 (Endure)》입니다. 그는 많은 운동선수들을 연구하는 중에 세계 신기록을 세운 선수들에게 특이한 점이 있다는 사실을 발견했습니다. 그들은 대부분 마지막 바퀴에 라스트 스퍼트하여 세계 신기록을 수립했습니다. 1920년 이후 육상 5천 미터, 1만 미터에서 세계 신기록을 달성한 선수들 가운데 66명이 마지막 바퀴에서 가장 빠르거나 두 번째로 빠른 속도를 기록했습니다.

    예수님이 나사로가 병들었다는 소식을 들었을 때 며칠 더 머무셨습니다. 나사로가 죽은 지 사흘 만에 그의 무덤을 찾으셨습니다. 예수님이 게임 체인저로 오신 것입니다. 누가 보아도 불가능합니다. 예수님이 그를 다시 살려 주십니다. 나사로의 두 누이는 기쁨이 충만했습니다. 예수님이 나사로가 죽기 전에 고쳐 주셨다면 그런 기쁨을 누릴 수 없었을 것입니다. 예수님이 나사로를 다시 살려 주신 것은 그에게 라스트 스퍼트를 할 수 있도록 도와주시기 위함이었습니다. 성경은 나사로 때문에 많은 사람들이 예수님을 믿었다고 말합니다.

나사로 때문에 많은 유대인이 가서 예수를 믿음이러라 요 12:11

예수님이 십자가에 죽으셨을 때 사흘이 되었습니다. 바로 무덤에 장사했습니다. 예수님의 몸은 썩기 시작했습니다. 사탄은 즐거워했고 예수님을 사랑하는 사람들은 슬퍼했습니다. 그때 성령님이 게임 체인저로 예수님의 몸에 임하셨고 예수님을 다시 살리셨습니다. 예수님은 역전승을 거두셨습니다. 또한 예수님을 믿는 우리도 부활하게 될 것을 약속해 주셨습니다.

인생의 문제는 공급의 문제입니다. 우리가 사랑을 줄 수 없는 것은 사랑의 결핍 때문입니다. 우리가 풍성한 사랑을 나누기 위해서는 하나님의 사랑을 지속적으로 공급받아야 합니다. 그 비밀이 기도입니다. 성령님의 도우심을 받는 것입니다. 성령님은 우리에게 하나님의 사랑을 지속적으로 공급해 주십니다.

소망이 우리를 부끄럽게 하지 아니함은 우리에게 주신 성령으로 말미암아 하나님의 사랑이 우리 마음에 부은 바 됨이니 롬 5:5

성령님이 공급해 주시는 하나님의 사랑으로 넉넉히 승리하기를 바랍니다. 바울은 하나님의 사랑이 우리를 강권하고 하나님의 사랑의 손이 우리를 붙잡고 있다고 말합니다. 그러므로 안심하십시오. 감사하십시오. 소망을 가지십시오. 지금까지 도와주신 하나님의 사랑이 장래에도 영원히 함께할 것입니다.

수많은 환난과 박해와 죽음의 위험과 곤
고에도 우리를 사랑하시는 분이 우리를
넉넉히 이기게 하십니다. 예수님이 이미
승리하셨기 때문입니다.